KB211712

최후의 증인

KOFA 영화비평총서 는 한국영화사의 대표작 한 편을
아카이브와 역사라는 관점하에
비평적 해석으로 펼쳐 보는 시리즈이다.
영화비평가와 영화사 연구자가 필진으로 참가할 각 권은
비평과 역사를 동시에 주목하는 스펙트럼 속에서
영화에 관한 다채로운 논의를 제공한다.

일러두기

- 이 책의 기획과 구성, 책임편집은 한국영상자료원 학예연구팀장 정종화와 연구원 이수연이 맡았다.
- 한국영상자료원에서 기증과 수집을 통해 보유하고 있는 사진은 별도의 출처를 표기하지 않았으며, 그 외에는 사진 설명에 출처를 표시하였다.
- 영화의 작품명과 연도는 한국영상자료원 한국영화데이터베이스(KMDb)를 따랐다. 감독명과 개봉 연도는 각 장마다 해당 영화가 맨 처음, 주요하게 언급될 때 (감독명, 제작 연도) 형태로 병기했다. 감독명, 제작 연도, 배우 이름 등 영화 관련 정보는 ( ) 안에 표기하되, 본문 괄호와 구분되도록 별색으로 표기하였다.
- 맞춤법과 띄어쓰기는 국립국어원의 《표준국어대사전》을 따랐다. 논문 및 영화 등의 작품명은〈 〉, 문헌이나 저서명·정기간행물(학회지 포함)·신문명은《 》, 직접인용은 " ", 강조 및 간접인용은 ' '로 표기했다.
- 인명이나 지명은 국립국어원의 외래어 표기용례를 따랐다. 단, 널리 알려진 이름이나 표기가 굳어진 명칭은 그대로 사용했다.

최후의 증인

THE LAST WITNESS

하드보일드 인간보호 선언

조영일 지음

KOFA 영화비평총서 4

알피

기관 50주년을 맞은 한국영상자료원Korean Film Archive이 새로운 시리즈 'KOFA 영화비평총서'로 독자 여러분과 만납니다.

한국영화사 100년의 도도한 흐름을 통틀어 사회문화사적 의미에서 주목할 만한 한국영화를 선별하였습니다. 그중에서도 필름 아카이브가 보존 중인 자료들을 통해 더 풍부하게 이야기될 수 있는 영화들을 골라, 각 영화마다 가장 전문가라 할 필자들이 집필을 맡았습니다. 한국영화 비평을 담은 시리즈는 이전에도 있었지만, 이번 총서는 'KOFA'만의 강점과 특징을 담았다고 자부합니다.

바로 영화사적 관점과 맞물린 독창적인 해석입니다. 아카이브의 역사적 지평에서 주목한 영화를 가지고서, 영화비평가와 영화사 연구자들이 각자의 고유한 시각과 관점으로 하나의 이야기를 완성했습니다. 독자 여러분과 더 깊게, 더 친밀하게 소통하고 싶은 마음입니다. 아무쪼록 한국영상자료원의 기획과 필자들의 노고가 독자 여러분에게 의미 있는 이야기로 전달되기를 희망합니다.

2024년 12월

한국영상자료원 원장 김홍준
학예연구팀장 정종화

차례

발간사   4

서문   9
프롤로그   12

1장 — 이두용의 영화 세계

시기별로 본 이두용의 영화 이력 30년   19
　영화산업의 불황기를 관통한 감독   21
　멜로드라마 시기(1970~1974)   23
　액션영화 시기(1974~1976)   28
　'우수영화' 시기(1977~1980)   33
　국제적 감독 1호(1980~1985)   39
　감독 + 제작자 + 극장주(1986~1998)   44
　왜 이두용은 임권택의 길을 가지 못했(않았)을까   47

세 개의 '한국'   54
　첫 번째 한국: 로컬의 미학   55
　두 번째 한국: 트랜스내셔널   58
　세 번째 한국: 한국인의 보편적인 삶의 조건   63

국가와 공권력의 부재, 불신 속에서 삶을 건져 내다   67

2장 ─ 〈최후의 증인〉: 시대의 한계를 넘어서다

시대가 낳은 걸작인가?   77

    곽정환과의 결별   79

    '서울의 봄'과 한국영화계   82

    분단을 성찰하다: 세 편의 분단영화   85

하드보일드와 로드무비가 만났을 때   88

    하드보일드: 타락한 세상의 재현 양식   89

    로드무비: 신체의 고단함을 전달하다   92

    하드보일드 + 로드무비 + @   98

원작과 영화, 판본 비교   104

    세 가지 판본 비교   106

    왜 구조적 부패를 삭제했을까?   114

검열이라는 스캔들   117

    〈최후의 증인〉의 검열 과정   119

    "자진 삭제" 38분 분량 검토   124

    사라진 엄 기자   130

    긴 상영시간이 문제였을까?   133

    〈최후의 증인〉 검열 사건에서 건져야 할 것   136

"인간보호"라는 이상한 말   139

    '최후의 증인'은 누구인가?   141

    아나키스트 이두용?   144

에필로그   147

주   152

크레디트   155

영상자료원 직원으로 일하다 보면 원로 영화인들과 이런저런
자리에서 마주치게 되고, 업무상의 인연도 맺게 된다. 오다가
다 인사 정도는 드린 적이 있지만, 필자와 이두용 감독님의 의
미 있는 첫 만남은 아마도 감독님이 구술 작업을 하러 영상자
료원에 오셨을 때다. 오찬을 함께했다. 솔직히 말하자면, 좀 엄
격하고 과묵한 분일 것이라는 선입견이 있었다. 거친 액션영
화를 연출했다는 이력도 이력이지만, 남성적이면서도 날카로
운 인상의 젊은 시절 사진이 그런 선입견을 갖게 했다. 그러나
실제 만난 이두용 감독은 온유하고 신사적인 분이었다. 〈최후
의 증인〉의 검열과 관련해서 대화를 나누었던 기억이 난다. 이
후 두세 차례 만남이 있었다. 필자가 블루레이 사업을 담당하
게 되면서 영화 〈피막〉의 코멘터리 녹음을 위해 다시 만난 일
이 기억에 남는다. 코멘터리 녹음 후 차를 마시는 자리에서 이

두용 감독은 〈피막〉의 베니스국제영화제 진출 경위에 대해 상당히 소상히 설명해 주셨는데, 그 내용이 이 책의 본문에 일부 포함되어 있다.

이런 몇 차례의 인연에도 불구하고 필자가 이두용 감독이나 그의 영화 세계를 제대로 이해했다고 보기는 어렵다. 그의 진면목을 알게 된 것은 이 글을 쓰기 위해 요 몇 달 그의 영화들, 그의 인터뷰들을 챙겨 보면서다. 누군가를 이해한다는 것, 안다는 것에는 여러 층위와 계기가 있기 마련이고, 가족이라 해서 다 알 수 있는 것도 아니다. 그런 면에서 영화와 자료를 통해 어떤 감독을 전체적으로 이해할 수 있는 기회를 만난다는 것은 비평가나 연구자만이 가질 수 있는 특권이라 하겠다.

생각해 보면 사람의 인연이라는 것은 묘하다. 몇몇 다른 감독들과 비교할 때, 이두용 감독을 특별히 존경하지도 않았고, 그의 영화들을 특별히 사랑한 것도 아니었다. 그럼에도 이 책을 쓰게 된 것은 기획 주체인 영상자료원 연구원으로서의 의무, 좀 더 구체적으로는 〈최후의 증인〉 검열과 관련된 필자의 선행 연구가 계기가 되었다. 우연이라면 우연이 그와 그의 영화들을 필자와 연결시켜 준 셈이다. 한 번 시작된 인연이 선연(善緣)으로 끝난다는 법은 없지만, 이번 인연은 좋게 남았다. 이두용의 영화들을 넘어, 이두용이라는 인간에 대한 이해가 한 뼘쯤 생겨난 느낌이고, 그 이해는 그를 존경할 이유를 만들었다. 그 이해의 일단이 이 책을 통해 극히 일부라도 전달되기를 소망한다.

〈최후의 증인〉 책의 서문에서 영화보다 감독에 대한 말을 주로 하게 되었다. 책을 읽는 독자는 눈치채겠지만, 필자는 〈최후의 증인〉을 이두용이라는 작가를 통해 보았다. 의도했던 것은 아니었는데 그렇게 됐다. 〈최후의 증인〉은 이두용의 영화 세계에서 빛나는 성취이지만, 그 이전과 이후 그의 영화 이력과 분리가 불가능했다는 정도로 변명을 갈음하자.

모든 책이 그렇겠지만 이 책의 제작 과정에도 여러 분들의 공이 투여되었다. 특히 기획부터 진행 과정을 꼼꼼하게 챙기고 원고를 읽고 피드백해 준 우리 영상자료원 동료인 정종화, 이수연 두 분의 연구자에게 감사 드린다. 무엇보다 수십 년의 세월 동안 척박한 한국영화산업 환경 속에서 좋은 영화들을 많이 만들고 가신 이두용 감독님께 감사 드린다. 고인의 명예에 누가 되지 않기만을 바랄 뿐이다.

프롤로그

　"〈최후의 증인〉은 영화감독이 돼야겠다고 결심하는 데 결정적 영향을 준 작품 중 하나입니다. 감독과 촬영감독, 조명감독이 만들어 낸 시네마스코프의 압도적인 화면 구성, 카메라 움직임과 활력, 미술과 조명의 과감한 선택, 종합적인 미장센이 저로선 한국영화에선 처음 보는 수준이었어요. '우리나라에서도 뛰어난 영화가 만들어졌구나' 깨닫고, 노력하면 이런 영화를 만들 수 있다는 가능성을 본 거죠."[1]

　〈최후의 증인〉은 비극적인 운명의 작품이었다. 영화제작사와 감독이 당시 영화들과 비교할 수 없을 정도의 제작비와 시간, 인원을 투여하여 만든 역작이자 걸작이었으나,* 복잡한 검

＊　한국영상자료원이 보유한 이 영화의 검열행정 서류에 이 영화의 제작비 명세가 포함되어 있다. 총액 2억 3,700만 원이다. 당시 한국영화의 평균 제작비가 1억

열의 상황 속에서 158분이 120분으로 축소되어 공개되었고, 서울 개봉관에서 1만 명도 동원하지 못한 채 쓸쓸히 막을 내렸다. 당대의 비평가들 역시 이 영화에 거의 주목하지 않았다. 영화관에서 삭제본을 보던 이두용은 상영 도중 나와 버렸고, 이두용 본인에게조차 이 영화는 잊혔다.

이 영화의 운명이 반전된 것은 2006년부터이다. 2006년 1월 한국영상자료원이 '생사의 고백: 이두용'이라는 회고전을 개최하고 이 영화의 154분 완전본을 공개하면서 일종의 신드롬이 시작되었다. 영상자료원은 이해에만 이 영화가 포함된 프로그램을 두 번이나 더 진행했다. 그리고 영상자료원이 이해 뽑은 한국영화 100선에 〈최후의 증인〉이 포함되었다. 류승완 감독은 영상자료원에서 〈최후의 증인〉 감독판 프린트를 본 일을 "'나의 베스트 10' 목록이 순식간에 뒤집히는 사건"으로 언급했다.[2] 서울아트시네마가 2008년 1월 8일부터 2월 3일까지 개최한 '시네마테크와 친구들' 영화제에서 〈최후의 증인〉을 포함한 이두용의 영화 다섯 편이 공개되었고, 2009년 전주국제영화제에서 〈최후의 증인〉이 상영되었다.

이와 함께 이두용 감독의 르네상스가 시작되었다. 물론 활동했던 당대를 기준으로 할 때, 이두용이 존재감 없는 감독은

원이 채 안 되었다는 점을 감안할 때, 상당한 대작이었음을 알 수 있다.

아니었다. 특히 〈피막〉(1980)이 베니스국제영화제에서 특별상을 수상하고, 〈여인잔혹사: 물레야 물레야〉(1983)(이하 〈물레야 물레야〉)가 최초로 칸영화제 '주목할 만한 시선' 부문에 초청되었던 1980년대 초중반은 그의 전성기였다. 이두용은 임권택보다 이른 시기에 국제적인 지위를 획득한 감독이었다. 그러나 아쉽게도 그 이후 이두용은 빠르게 잊혔다. 〈최후의 증인〉 복원판으로 돌아올 당시, 이두용은 대중들에게 홍콩의 아류인 액션영화를 만들던 감독, 〈뽕〉(1985), 〈물레야 물레야〉 등 소위 토속 에로물을 만들던 감독으로 기억되고 있었고, 비평가들은 물론이고 한국영화사 연구자들에게조차 몇몇 대표작 외에는 거의 거론되지 않는 작가였다. 그나마 소수의 액션영화에 대한 오랜 팬들 정도가 그의 액션영화 시기를 추억하고 있었다. 그 중에는 오승욱 감독이 있었다. 오승욱은 박찬욱 감독과 함께 〈최후의 증인〉을 발굴하고 널리 알린 공로자 중 한 명이기도 하다.

재발굴된 영화 〈최후의 증인〉은 2000년대 후반 이후 이두용의 위상을 완전히 바꾸었다. 그런 면에서 이 영화는 발굴된 작품 자체의 가치만큼이나 이두용이라는 작가를 한국영화사에 온전히 위치지은 분기점이기도 하다는 점에서 중요하다. 이두용의 발굴과 함께 그의 액션영화들까지 한국영화사에서 관심 가져야 할 텍스트가 되었고, 이는 액션영화라는 소외된 장르를 통해 한국영화사를 되돌아보는 계기가 되었다. 한편 〈최후의 증인〉이 일종의 신드롬이자 신화가 되었던 것은 애초 비극의 원천이었던 검열이라는 폭발성 높은 키워드가 포함되어 있었기 때문이다. 이에 〈최후의 증인〉, 나아가 이두용은 신군부 초기 군사정권 검열의 대표적 희생자로서 해당 시대의 증인으로 호명되었다.

1장
이두용의 영화 세계

"사람은 누구나 어떤 문제가 발생했을 때
특별히 그것을 의뢰하고 싶은 사람이
있는 법이지."

시기별로 본
이두용의 영화 이력 30년

이두용은 1941년 12월 24일 서울 청파동에서 태어났다. 그의 증언에 따르면 신고가 늦게 되어 서류상으로는 1942년생으로 되어 있었다 한다.[3] 국민학교 시절부터 영화를 좋아했던 누나를 따라 영화를 관람했던 그는, 당시까지도 남아 있던 변사를 보며 신기해했다는 경험을 회고한다.[4] 나이가 들어 용산중학교에 진학한 이후에는 친구들과 함께 스카라극장 등에서 많은 영화를 보았다. 주로 서부영화와 활극영화들이었다. 이와 관련해 그는 다음과 같이 증언한다. "액션과 권선징악의 세계를 보면서, 나도 나중에 저런 걸 한번 만들어야겠다는 생각을 무턱대고 했어요."[5] 청소년 이두용에게 영화는 무엇보다 '액션'과 '권선징악'으로 다가왔던 것이다. 어쩌면 이 두 단어가 이후 그의 영화 세계를 해명하는 키워드들일지도 모른다.

그가 영화 현장과 처음으로 인연을 맺게 된 계기는, 고등학교 시절 아르바이트로 영화 포스터 그리는 일을 하던 미술 선생님의 심부름으로 현장을 다니게 되면서였다. 첫 기억은 동성영화주식회사의 만리동 스튜디오였다. 이렇게 현장을 다니던 중 고등학교 선배를 만나 처음으로 현장에 입문했다. 스크립터 일이었다. 이후 무보수로 간간이 연출부 일을 했다. 대략 1950년대 말경이었다.

이후 대학 진학에 실패하고 방황하던 중 그는 다시 전홍직 감독을 만나 연출부 생활을 시작했다. 대략 1960년대 중후반의 일로 보인다. 전홍직 감독 외에도 김수동과 정소영 감독의 연출부 생활을 했다고 한다. 이즈음 그는 부모님의 도움으로 거금을 들여 직접 제작과 연출을 시도했으나, 사기를 당했다.*
데뷔도 못한 연출부 시절부터 제작을 꿈꾸었다는 사실은 그의 대담함과 야심만만한 성격을 보여 주는 동시에 이후의 행보를 짐작하게 한다.

이두용은 1970년 데뷔했다. 데뷔작은 〈잃어버린 면사포〉라는 신파성 멜로드라마였다. 그에게 데뷔를 권한 인물은 방규식이라는 제작자였는데, 그 역시 제작자로서 첫 작품이었다. 방규식은 이두용의 초기작 세 편을 함께했고, 이후 1985년 작

---

* 본인은 이 시기가 스물두 살 정도였던 것으로 기억하나, 앞뒤 증언을 감안할 때, 60년대 후반경이 아닌가 한다. 김형석, 〈인터뷰: 외로운 개척자, 이두용 감독〉, 《장르의 해결사 이두용》, 부산국제영화제·한국영상자료원, 142쪽.

〈돌아이〉에서 다시 만나게 된다. 〈잃어버린 면사포〉를 시작으로 이두용은 상당히 왕성한 작품 활동을 이어 갔다. 2011년까지 총 60편의 영화를 연출했는데, 1970년부터 1990년까지 사실상의 활동기 동안 무려 55편의 영화를 연출했다. 연평균 3편에 가까운 편수다.

영화산업의 불황기를
관통한 감독

이두용이 데뷔했던 1970년 당시 한국영화산업은 빠르게 침체의 길로 빠져들고 있었다. 그 침체는 1990년대 초까지 이어진다. 무려 20년이 넘는 기간인데, 이는 거의 정확히 이두용의 주된 연출 활동 기간과 일치한다. 말하자면 그는 한국영화의 불황기를 정면으로 통과한 감독인 것이다. 침체기의 감독이라는 것은 그의 필모그래피를 상당 부분 설명한다.

이 시기 한국영화산업의 불황 원인은 여럿 거론될 수 있다. 흔히 말해지듯 TV의 대량 보급, 레저문화의 다변화, 정부의 권위주의 강화 등은 빼놓을 수 없는 이유다. 영화계 역시 심각한 문제에 직면하고 있었다. 1960년대 초 입안된 한국영화 메이저 기업화 정책이 파탄 나면서 영화산업의 다양한 문제점들이 터져 나왔고, B급 저예산 장르영화들이 양산되어 한국영화의 품질이 전반적으로 저하되었으며, 영화에 대한 검열 또한 전에 없이 강화되어 표현의 영역이 축소되었다. 게다가 국가는 전체 한국 영화시장의 절반 이상에 해당하는 외화의 수입권을 틀어쥐고 관제·계몽영화에 가까운 '우수영화' 제작자들에게 수입권을 배분함으로써 산업구조를 왜곡시켰다. 총체적인 난국의 시대였다. 1970년대 이두용의 필모그래피는 이 B급 영화의 대량생산 시대, 그리고 우수영화라는 두 축을 빼고는 설명하기 어렵다.

한국영화사의 많은 감독들이 다양한 장르의 영화들을 거쳐 갔다. 워낙에 다작의 시대이기도 했고, 정책이나 산업 환경, 유행하는 장르의 트렌드가 빠르게 변화했기 때문이다. 이두용 역시 예외가 아니었다. 그런데 이두용은 필모그래피 측면에서 다른 감독과 다소 차별성이 있다. 1960~70년대 많은 감독들이 대개 몇 가지 주 장르를 정해 자신의 영화 인생에서 반복했던 반면에, 이두용의 경우 멜로드라마나 액션영화를 주로 만든 시기, 우수영화 제작 시기 등 장르적 경향에 따라 시기가 구분된다는 점이다. 물론 그 구분이 절대적이지는 않다. 특히 필모그래피의 장르가 복잡해지는 1980년대 이후는 이 구분이 적용되지 않는다.

멜로드라마 시기(1970~1974)

이두용의 데뷔작 〈잃어버린 면사포〉는 두 동생의 학비를 벌기 위해 나이트클럽에서 일하던 여성과 그녀를 진심으로 사랑하는 남성을 주인공으로 삼은 영화다. 여성은 시어머니에게 과거를 감추고 결혼하지만, 어느 날 시어머니가 그 비밀을 알게 되면서 시댁에서 쫓겨난다. 그러나 결국 시어머니가 며느리의 선한 마음씨에 감동하여, 두 사람은 다시 행복한 결혼 생활로 돌아간다. 하층 출신 여성의 고난담과 고부갈등을 엮은 전형적인 신파성 멜로드라마였다고 할 수 있다. 한국영상자료원 한국영화데이터베이스(KMDb)에는 이두용의 각본으로 기재되어 있으나, 그의 증언에 따르면 김수현 작가의 각본이라 한다.[6] 이 영화는 나름 흥행 면에서 성공을 거두었는데, 당시 지방 흥행사들이 이 영화를 꽤 좋아했다고 한다.

그래서인지, 이두용은 이후에도 〈댁의 아빠도 이렇습니까〉(1971), 〈죄많은 여인〉(1971), 〈어느 부부〉(1972), 〈가지 마오〉(1972), 〈어디로 가야하나〉(1972), 〈작은새〉(1974) 등 1974년까지 신파성 멜로드라마류의 작품들을 지속적으로 만들었다. 그가 이 장르로 출발했던 것은 아마도 〈미워도 다시 한번〉 시리즈로 1960년대 후반 한국영화 흥행 판도를 바꾸었던 정소영 감독의 조감독 출신이었기 때문일 것이다. 그러나 나름 괜찮은 흥행

성적에도 불구하고, 이두용은 이 장르를 좋아하지 않았다. 관객을 인위적으로 울려야 한다는 강박이 생래적으로 맞지 않았기 때문이다.

데뷔작부터 1973년경까지 멜로드라마 영화가 상당히 많다. 직접 선택한 것인가?

당시의 작품 경향이 신파성 멜로드라마가 유행했고 흥행도 잘됐다. 따라서 그런 영화를 할 수밖에 없었는데 사실 나에게는 그 신파성이 맞지 않았다. 그런 류의 작품들은 감독이 '어떻게 하면 얘기를 슬프게 전개시키나? 어떻게 하면 관객의 누선을 자극시키나?' 오로지 눈물을 짜맞추는 데 매달리고, 화면에 소설을 쓸 수밖에 없었기 때문이다.[7]

사실, 그에게 이 감정의 강요가 어울리지 않았다는 것은 그의 초기 멜로드라마 몇 편만 보더라도 알 수 있다. 그의 신파 멜로드라마 영화들에선 가장 핵심이라 할 수 있는 배우의 눈물 연기, 그리고 그를 동일시하는 클로즈업이 상당히 제한된다.

난 배우가 우는 모습을 찍는 걸 싫어해요. 특히 우는 여배우 얼굴 클로즈업을 싫어해요. 현장에선 필요할 거 같아서 찍긴 하는데, 나중에 편집실에서 "저런 장면을 찍었어야 했나?"

반문해요. 슬픔을 넘어서 '추(醜)'가 보이는 거 같아서. 클로즈업 사이즈를 안 좋아하는 게 아니라, 그 사이즈 안에서 표정을 찡그리고 그런 걸 좋아하질 않아요. 그런 숏이 관객에게 도대체 뭘 주겠는가 싶은 거죠.[8]

말하자면 그는 당대 신파 멜로드라마의 정동(情動)을 좋아하지 않았고, 심지어 이해할 수도 없었다. 그러다 보니 섬세한 여성 심리를 표현하고, 관객에게 전달하는 데 관심이 없었다. 물론 그의 멜로드라마에도 과장된 음악과 사건, 이에 대한 반응으로서 감정이 고양되는 특유의 컨벤션이 없을 수 없다. 그러나 과장된 표현의 핵심 피사체인 인물의 표정 클로즈업을 피하고, 감정 표현이 직접적으로 전달되지 않다 보니, 주인공 여성들의 선택과 행위가 관객에게 감정적인 설득력을 주지 못한다. 그러나 서사와 캐릭터, 촬영과 편집 등 전반적인 영화적 완성도가 높았기에, 이 시기 이두용의 멜로드라마에 대한 관객 반응은 나쁘지 않았던 것으로 보인다.

한편, 이두용은 이 시기에 다른 장르의 영화들도 몇 편 연출했다. 강대진의 1961년 작 〈박서방〉을 리메이크한 〈웃고 사는 박서방〉(1971), 〈날벼락〉(1971), 〈체포령〉(1972), 〈홍의장군〉(1973)과 같은 영화들이다. 〈웃고 사는 박서방〉은 그 내용뿐 아니라 심지어 연기 패턴까지 원작을 거의 그대로 답습하고 있

〈체포령〉(이두용, 1972)

※출처: 부산영화체험박물관

1장 | 이두용의 영화 세계

다. 그럼에도 불구하고 이 영화가 이두용의 필모그래피에서 의미 있는 것은, 1970년대 말 이후 그가 일련의 영화들을 통해 보여 준 하층민의 일상적인 삶에 대한 관심이 처음으로 나타나기 때문이다.

〈날벼락〉과 〈체포령〉은 1974년 이래 몇 년간 이두용의 주된 장르가 된 액션영화의 징후를 보여 준다. 〈날벼락〉은 일종의 코미디 액션이라 할 수 있는데, 다작의 와중에 만들어진 태작(駄作)에 가깝다. 다만, 몇몇 액션 신은 이후 이두용의 행보를 기대하게 한다. 〈체포령〉은 당대에 큰 주목을 받지는 못했지만, 이후 이두용표 액션영화의 원형이 된 작품이다. 〈홍의장군〉은 그가 본격적으로 도전한 사극(혹은 시대극)이다. 시대극으로는 1971년 대만영화사와 합작한 〈야오귀〉가 있으나, 한국로케이션 장면만 연출해서 대만으로 보낸 것으로 이두용은 크게 의미를 두지 않았다. 홍의장군 곽재우와 의병들, 그리고 그 의병들의 부인들을 집단적인 주인공으로 삼은 〈홍의장군〉은 지배층에 대한 불신, 그에 대조되는 민중에 대한 신뢰, 국가나 공권력에 대한 비판의식과 같은 이두용의 이후 영화 세계를 이해하는 꽤나 중요한 키워드를 담고 있다.

액션영화 시기(1974~1976)

1974년은 이두용의 영화 인생에서 중요한 분기가 된 해다. 왜 이두용의 액션영화가 1974년에 본격화되었는지에 대한 질문으로 출발해 보자. 1960년대 중후반 이래 한국의 액션영화는 크게 두 가지 갈래, 즉 일제강점기 만주와 냉전 기반의 한국현대사를 바탕으로 하고 있었다. 소위 '만주 액션영화'는 1960년대 중반에 시작하여 1970년을 전후한 시점에 대체로 끝이 난다. 그 빈자리를 채운 것은 현대사를 배경으로 한 액션영화였는데, 그 가운데 김두한을 비롯한 실존 인물들의 액션영화, 그리고 현대사의 좌우 대립에 기반한 반공 갱스터영화들이 자리했다.

그런데 1974년 이두용의 액션영화는 다시 공간을 만주로, 시대를 일제강점기로 되돌린다. 철 지난 만주 액션영화의 반복은 아니었다. 한국, 아시아, 더 나아가 세계 영화시장을 흔들었던 이소룡 신드롬에 편승한 영화들이었기 때문이다. 이는 이두용 영화들의 주연을 맡은 한용철(챠리 셸)의 몸매, 표정, 액션 스타일 등에서 너무나 뚜렷하게 나타나서 특별한 논증이 필요 없을 정도다.

이소룡이 한국에 상륙한 것은 1973년이었다. 그가 1973년 7월 말 사망하자마자 개봉한 〈정무문(精武門)〉(나유, 1972)이 56일 간 장기상영하며 서울 개봉관에서만 31만 5천 명이 넘는 관객을 동원,[9] 그해 외화 중 관객 동원 1위를 기록한다. 1973년 10월 28일 스카라극장에서 개봉한 〈당산대형(唐山大兄)〉(나유, 1971) 역시 21만 명, 1973년 12월 20일 국제극장과 아세아극장에서 동시개봉한 〈용쟁호투(龍爭虎鬪)〉(로버트 클라우즈, 1973)가 20만 명이 넘는 관객을 동원했다.[10] 1974년 10월 11일에는 〈맹룡과강(猛龍過江)〉(이소룡, 1972)이 피카디리극장에서 개봉하여 18만 명이 넘는 관객을 동원했다. 1970년대 중반 이래, 이소룡은 한국에서 최고의 스타였고, 수많은 신드롬을 낳았다. 물론 이는 한국만의 이야기는 아니었다. 이소룡의 액션영화들은 수많은 아류작들을 낳았고, 각국의 영화사들은 이소룡의 후예를 자처하는 액션 스타들을 만들어 냈다.

　이두용의 첫 번째 이소룡식 액션영화 〈용호대련〉은 1974년 2월 27일 본편 검열을 마치고, 3월 15일 개봉했다. 이소룡의 인기를 감안한 발 빠른 행보였다. 그리고 〈죽엄의 다리〉가 4월 21일, 〈돌아온 외다리〉가 7월 20일, 〈분노의 왼발〉이 9월 7일, 〈속 돌아온 외다리〉가 10월 16일, 〈배신자〉가 10월 26일에 개봉했다. 〈배신자〉는 기존 영화들의 재편집본이라 제외하더라도, 무려 5편의 유사한 액션영화를 그야말로 쏟아 낸 것이다. 이 영화들은 이 시기 한국 액션영화들과는 다른 면모를 보였는데, 이소룡류라는 것 외에도 무엇보다 주조연 배우들이 대부분 신인이었고, 그들이 일종의 팀을 이루어 지속적으로 출연

했다. 이것이 가능했던 것은 영화를 연출하기 전 이두용과 영화사가 정지 작업을 해 두었기 때문이다.

먼저 이두용은 당대의 영화제작자 곽정환이 대표로 있던 합동영화주식회사와 전속계약을 맺었다. 1973년 사극 대작 〈홍의장군〉을 합동영화사에서 연출하고 나서 이두용이 먼저 전속을 제안하여 성사되었다고 한다.[11] 이후 이두용과 합동영화사는 대대적인 배우 공모를 진행했다. 영등포 어느 태권도장을 빌려서 오디션을 진행했는데, 300명이 넘는 지원자 중 1차로 100명, 2차로 50명가량을 추렸다. 그 결과 황정리, 권일수, 권용문 같은 이두용의 액션영화 세계를 함께 일군 인물들이 발탁되었다. 다만, 1974년 6편의 영화에서 모두 주연을 맡았던 한용철은 공모가 아닌 지인의 소개로 만났다고 한다. 이들 배우진은 한 해 여섯 편을 만들어 낼 수 있는 이두용의 준비된 사단이 되었다.

그러니까 이두용이 자신의 액션영화 흐름을 만주로 되돌린 것은 재래의 만주 액션영화의 단순한 반복이 아니었다.* 그것

---

* 영화사 연구자 이영재는 1970년 한국의 액션영화 장르가 만주 웨스턴에서 김두한류의 실존 인물 혹은 현대사에 기반한 액션영화로 전환한 데에는 박정희 체제의 권위주의, 즉 국가주의의 강화 흐름이 배경에 있었다고 본다. 그렇다면 이 시기 이두용 액션영화의 만주로의 귀환은 어떻게 해석해야 할까. 국가주의 강화의 움직임이 약화되었다거나 이영재의 해석이 틀렸다고 보기보다는, 당대 한국영화사가 더 다양한 변수로 결정되었다고 해석해야 하지 않을까 싶다. 즉, 국가와 영화산

은 압도적으로 국내외에서 인기를 얻은 스타 혹은 영화들의 인기에 편승하고, 로컬라이징한 결과물이었다. 이때 아마도 가장 염두에 두었을 작품은 일제강점기 상하이 배경의 항일 메시지를 담은 영화 〈정무문〉이었을 것이다. 그러나 그렇다고 그의 영화가 온전히 이소룡의 자장 아래에만 있지는 않다. 한국의 만주 액션영화 장르의 원류 중 하나인 소위 '마카로니웨스턴' 장르, 그리고 〈007〉 시리즈로 대표되는 첩보영화의 구도와 캐릭터를 상당 부분 차용했기 때문이다.

이 시기 이두용 영화들의 캐릭터나 서사 구도에 가장 큰 영향을 주었을 마카로니웨스턴 작품을 한 편 꼽는다면 〈석양의 무법자The Good, The Bad, and The Ugly〉(세르지오 레오네, 1969)일 것 같다. 각자의 욕망을 좇는 세 주체, 굳이 구분하자면 선하고 악하고 이상한 세 캐릭터의 변화무쌍한 배신과 복잡한 정체성, 그리고 마지막 세 명이 모인 결투 신으로 대표되는 영화다. 이 시기 이두용 액션영화들에서 욕망을 좇는 주체 역시 대개 셋으로, 즉 일본인과 중국인과 조선인이라는 에스닉 그룹으로 구분된다. 주역들의 정체성과 선악 구도는 다소간 모호하다. 다소간 모호한 이유는 'the Good'의 역할을 해야 할 조선인 주

업 간의 관계만큼 세계 영화산업과 한국영화산업 간의 관계 역시 중요한 변수였다는 것이다. 이영재, 《아시아적 신체: 냉전 한국·홍콩·일본의 트랜스/내셔널 액션영화》, 소명출판, 2019 참고.

인공의 욕망과 정체성이 쉽게 밝혀지지 않기 때문이고, 'the Ugly' 역할(대개 중국인, 혹은 정체 모를 조선인) 역시 쉽게 속내를 드러내지 않기 때문이다. 이러한 모호한 선악 구도와 비밀에 감추어진 주인공의 과거, 그리고 세 주체의 변화무쌍한 협력과 대결 구도 등이 이 시기 이두용의 액션영화를 끌고 가는 중요한 서사적 장치가 된다.

1974년 액션영화들의 흥행 성공은 합동영화사와 이두용에게 모두 재정적 안정성을 가져다주었다. 이두용은 시간이 지날수록 액션영화 세트의 완성도가 높아졌다고 증언한다. 이러한 가운데 이두용 액션영화의 중반기 걸작 〈무장해제〉(1975)가 만들어진다. 〈무장해제〉는 합동영화사 곽정환 대표가 이전의 흥행 성공을 기반으로 제작비를 대폭 올려 대작을 찍자는 제안에 따라 기획되었다.[12] 그사이 한용철이 떠났고, 강대희가 새로운 주인공이 되었다. 영화는 이전 이두용의 액션영화들과는 다소 달랐다. 무엇보다 시대와 공간이 일본에 국권을 뺏겨 가고 있는 대한제국, 구체적으로는 일본에 의해 대한제국군이 무장해제를 당하는 사건을 배경으로 하고 있다. 이에 따라 덕수궁, 경복궁, 종묘 같은 실제 역사적 공간에서 촬영이 진행되었다. 이 영화는 이후 미국에까지 수출되었다. 이두용이 훗날 〈침묵의 암살자Silent Assassin〉(1988)를 미국에서 연출할 수 있었던 것은 〈무장해제〉가 미국에 개봉된 덕이었다고 한다.

〈무장해제〉이후 이두용은 주요섭의 《아네모네의 마담》 (1936)을 원작으로 한 〈흑야〉(1975), 〈체포령〉 이후 오랜만에 현대를 배경으로 한 액션영화로 돌아온 〈사생결단〉(1975) 등의 영화를 만들었다. 그리고 1976년 이두용은 새로운 시도를 감행했다. 미국 로케이션으로 〈아메리카의 방문객〉과 〈뉴욕 44번가〉라는 야심작을 연출한 것이다. 해외시장 진출이라는 목표를 두고 제작한 영화였으나,[13] 두 영화 모두 비평적으로나 흥행적으로 큰 성과를 거두지 못했다. 이 두 영화는 이두용이 이 시기부터 한국 액션영화의 목표를 해외로 보고 있었음을 보여 주는 증거이기도 하다.

'우수영화' 시기(1977~1980)

이두용의 영화 이력은 1977년 새로운 전기를 맞이한다. 3~4년간의 액션영화 시대를 끝낸 전환점은 오태석의 희곡을 원작으로 한 무속 문예물 〈초분〉이었다. 그 이유에 대해 이두용은 한국 액션영화에 대한 지속적인 폄하 분위기에 지쳐 다른 방향성을 모색해야 했다고 여러 차례 증언한 바 있다. 그런데 이 전환이 왜 하필이면 당시 이두용으로서는 매우 낯선 장르와 주제를 가진 〈초분〉과 같은 영화로 나타났을까? 이와 관련해 이두용은 "작가 본위"의 영화를 만들고 싶었다고 술회한 바 있다.

　　아무튼 수출도 꽤 잘되고 돈도 벌었지요. 헌데 여기서 벌어
　들인 자본이 더 좋은 영화를 만드는 데 재투자가 전혀 되지를
　않았어요. 그래서 또 회의에 빠지고. 그래서 결론을 내린 것이
　내가 하고 싶은 영화를 만들자, 즉 작가 본위의 영화를 만들자
　고 생각하고 만든 것이 〈초분〉, 〈물도리동〉, 〈물레야 물레야〉
　등입니다.[14]

　그러나 그 전환은 이두용 개인의 선택을 넘어, 당시 영화정
책 혹은 시대적 분위기의 거시적 전환으로 가능해진 것이기도
하다. 크게 두 가지 요인을 들 수 있다.
　첫째, 1970년대 초중반으로 넘어가면서 박정희 정권의 정
체(政體)가 급격히 폐쇄되어 간 것과 관련이 있다. 1960년대 말
부터 강화되던 박정희 체제의 권위주의는 1971년 국가비상사
태 선언, 1972년 유신헌법 공포에서 정점에 이른다. 그것은 이
후 '한국적 민주주의'라는 것으로 포장되었다. 서구식 민주주의
의 폐해를 수정하겠다며 내세운 "한국적" 민주주의는 정치 분
야뿐 아니라 한국사회 전체를 매우 폐쇄적으로 만들었다. 이
전까지 본받고 따라잡아야 할 과제처럼 인식되었던 서구의 문
화는 퇴폐적인 것으로 비판되었고, 이와 함께 '한국적인 것'들

의 발견과 발명이 이어졌다. 그간 근대화의 걸림돌로, 비합리와 미신으로 폄하되었던 무속과 토속 문화들이 갑자기 한국적인 것으로 재탄생했고, 이는 전통문화와 담론의 부활로 이어졌다. 이 가운데 새로운 한국영화의 흐름이 등장한다. 〈이어도〉(김기영, 1977), 〈초분〉, 〈한네의 승천〉(하길종, 1977), 〈을화〉(변장호, 1979), 〈물도리동〉(이두용, 1979), 〈신궁〉(임권택, 1979) 등 무속과 전래의 풍속을 소재로 하되, 기존 소설이나 희곡의 권위에 힘입은 일련의 영화들이 제작된 것이다.

더 직접적인 다른 요인은 1970년대 중후반 한국 영화산업을 지배하다시피 한 정책인 우수영화 선정제도와 관련이 있다.[15] '우수영화 선정제도'란 정부가 그 주제나 미학의 우수성을 판별하여 소수의 영화에 대해 외화수입권으로 포상한 제도로, 1957년부터 시작되었다. 이 제도는 1976년을 기점으로 한국 영화산업 전반을 지배하는 정책이 되었는데, 이해부터 외화수입권의 90퍼센트 이상이 우수영화 제작 실적에 따라 배정되었기 때문이다.* 당시 우수영화가 순전히 영화의 수준으로만 선정되는 것은 당연히 아니었다. 비교적 순수한 대중 혹은

---

* 1974년 이래 외화수입권의 배정 비중은 다음과 같다. (1974년) 44편 중 제작 실적 28, 우수영화 12, 기타 4, (1975년) 38편 중 우수영화 20, 제작 실적 14, 기타 4, (1976년) 40편 중 우수영화 28, 국책영화 10, (1977년) 40편 중 우수영화 38, 기타 2. 이후 대동소이하다. 조준형, 〈국가가 시장을 지배했을 때: 1970년대 중후반 우수영화-외화수입쿼터 커넥션과 한국영화〉, 《영화연구》 96권, 2023, 19~20쪽.

예술 계열의 영화들도 포함되었지만, 반공·계몽·관제 범주에 속한 영화들이 다수였음을 부인할 수 없다.

우수영화를 제작한 대가인 외화수입권은 당대 한국영화 제작비의 2~3배를 상회하는 거대한 이권을 보장했던 만큼, 선정된 영화사의 입장에서는 최악의 경우 영화가 아예 개봉되지 않더라도 이익이 되었다. 이에 따라 영화사들이 우수영화 선정률을 높이려고 사력을 다하는 가운데, 아예 기획 단계에서부터 오락영화와 우수영화가 별도로 구분되고 선정률을 높여 줄 감독들의 몸값이 치솟았다. 1974년부터 1979년까지 선정작 161편 중 선정의 빈도가 높은 감독들을 순서대로 나열하자면, 13편의 김수용, 12편의 고영남, 10편의 임권택, 8편의 설태호 등이다.[16] 1970년대 이두용은 1977년 〈초분〉부터 〈생사의 고백〉(1978), 〈경찰관〉(1978), 〈물도리동〉(1979), 〈지옥의 49일〉(1979) 등 5편의 우수영화를 연출했는데, 이 시기 그의 전체 연출작이 7편에 불과하다는 것을 감안하면 놀라운 타율이다. 그리고 이 다섯 편은 모두 합동영화사의 작품이다. 말하자면 1977년부터 1979년 사이 이두용은 합동영화사의 우수영화 전문 감독으로 캐스팅된 셈이다.

우수영화는 굳이 흥행을 고려하지 않고 제작되었던 만큼, 이 기간 이두용이 연출한 영화들의 흥행 결과는 좋지 않았다. 〈초분〉이 명보극장에서 개봉 8만 3천 명의 관객을 동원했을

〈경찰관〉(이두용, 1978) 촬영 현장. 왼쪽부터 이두용, 장동휘, 한소룡(한지일).

뿐, 〈오빠가 있다〉가 3만 명, 경찰 홍보영화에 가까운 〈경찰관〉은 1만 명, 〈초분〉에 이어 무속과 토속 문화를 탐색한 〈물도리동〉은 3만 명이 채 안 되는 관객을 동원하는 데 그쳤고, 간첩 반공영화 〈생사의 고백〉, 전쟁 반공영화 〈지옥의 49일〉, 범죄영화 〈선배〉(1979)는 아예 서울 개봉관에서 개봉되지도 못했다.

그럼에도 불구하고 이 시기는 이두용에게 중요하다. 우수영화에만 선정되면 상업적 부담이 적은 이 제도를 활용하여 자신의 영화 세계를 단련하고 예술성을 키워 갈 수 있었기 때문이다. 그간 이 7편의 영화들은 〈초분〉 외에는 큰 주목을 받지 못했던 것이 사실이다. 그러나 반공영화나 정부 홍보영화라는 인식에 가까운 〈생사의 고백〉이나 〈경찰관〉과 같은 영화는 새롭게 주목받을 만한 영화들이라는 생각이다.

〈경찰관〉은 물론 경찰을 미화하기 위한 일종의 정책 홍보성 영화의 경향이 짙으며, 1979년 대종상 작품상 수상 이후 공정성과 관련하여 상당한 비판을 받기도 했다. 그러나 이러한 선입견을 내려놓고 영화 자체만을 들여다보면, 이두용의 영화에 대한 소박한 관점, 생활 속의 리얼리티, 서민들의 삶에 대한 깊은 애정이 드러나는 영화로, 일종의 민중주의적 성향을 보여 준다. 그런 면에서 이 영화는 〈최후의 증인〉, 〈장남〉(1984), 〈청송으로 가는 길〉(1990), 〈애〉(1999) 등으로 이어지는 이두용이 만든 일종의 사회드라마 계열의 첫 작품에 놓인다고 할 수 있다.

〈생사의 고백〉은 반공주의 그 자체를 성찰하는 작품이라 보기는 어려우나, 반공영화 중 드물게 간첩의 고뇌를 진지하게, 그것도 매우 특이한 방식으로 다루고 있다는 점에서 주목할 만하다. 이 영화는 두 주인공이 공유하는 시간을 각자의 입장에서 재현하여 전반부와 후반부에 반복하여 보여 줌으로써 서사를 완성해 나가는 흥미로운 실험작이다. 동시에 이 영화는 70년대까지 거의 괴물로 그려졌던 간첩에게 인간의 얼굴을 돌려주고자 하는 주제 의식의 산물이기도 하다. 형식적 실험과 내용, 그리고 주제 의식을 한 영화 속에서 요령 있게 묶어 내는 〈생사의 고백〉은 이두용이 수많은 영화들을 연출하며 쌓아 온 이력의 산물이자, 새로운 방향을 찾고자 하는 모색의 결과라 할 수 있다. 요컨대 〈최후의 증인〉이나 〈피막〉과 같은 걸작들이 갑자기 나타난 것은 아니라는 것이다.

국제적 감독 1호(1980~1985)

1980년은 이두용에게 고난과 영광을 가져다준 두 작품, 즉 〈최후의 증인〉과 〈피막〉이 만들어진 해이다. 〈최후의 증인〉은 38분가량의 분량이 삭제된 채 개봉되어 이두용에게 지워지지 않는 상처를 남겼다. 이후 검열에서 자유롭고 본인의 연출력을 보여 줄 수 있는 방향으로 전환한 결과물이 〈피막〉이다. 〈피막〉은 〈초분〉과 〈물도리동〉의 연장선상에 있는 작품이지만, 촬영과 편집의 우수함 외에 사극에 미스테리를 본격 적용한 혼합 장르라는 점에서 주목을 받았다. 이 영화는 이두용에게 뜻하지 않은 선물을 주었으니, 베니스국제영화제에 출품되어 특별상(ISDAP상)을 수상하게 된 것이다.

  1981년 이두용은 문화공보부(이하 문공부)에서 연락을 받았다. 베니스국제영화제에 〈피막〉이 출품되었다는데 그 경위를 문의하는 내용이었다. 이상한 일이었다. 이 시기 한국은 마치 국가대표 선발전과 같은 방식으로 국제영화제 출품작을 선정했다. 즉, 특정 영화제에서 출품작을 요청해 오면 정부가 전문 심사단을 꾸려 출품작을 선정했던 것이다. 따라서 영화가 국제영화제에 출품될 경우 정부가 이를 모를 수 없었다. 그런데 〈피막〉은 그런 과정이 없었다. 이두용 역시 이 영화가 출품되었다는 사실을 전혀 모르고 있었다. 어떻게 이런 일이 가능했을까. 이두용의 회고에 따르면, 〈피막〉의 영화사 세경흥업주식회사 김화식 대표의 남편이 일본 사업가였는데 그가 이두용 감독 모르게 출품한 것이라 한다. 이두용은 부랴부랴 짐을 꾸려 이탈리아에서 열린 시상식에 참가했다. 국제영화제 경험이 없다 보니 허둥댈 수밖에 없었고, 해외 공관의 지원 역시 거의 없다시피 했다.

  당시에는 소위 '3대'니 '4대'니 하는 국제영화제들이 거론되

곤 했다. 칸·베를린·베니스(3대)와 모스크바국제영화제를 지칭하는 것이었다. 한국영화는 강대진의 1961년 작 〈마부〉가 베를린국제영화제에서 특별은곰상을 받은 적이 있다. 그러나 이후 거의 20년간 주요 국제영화제에서 한국영화의 위상은 없다시피 했다. 그런데 국내 영화계에서조차 예술적인 성취를 제대로 인정받지 못한 이두용의 〈피막〉이 비록 특별상이긴 하지만 주요 국제영화제에서 수상한 것이다. 이전까지 초라했던 한국영화의 국제적 위상을 감안하면, 국가적으로까지는 아니더라도 영화계의 경사가 될 만한 사건이었다. 그러나 출품부터 수상까지 너무나 조용히 이루어지는 바람에 큰 화제가 되지 못했다. 그러나 이 영화를 통해 이두용은 국제적 지명도와 네트워크를 갖게 되었다.

이후 〈최후의 증인〉 역시 칸영화제를 노렸으나, 1981년에는 국내 심사에서 출품작에 포함되지 못했고, 1982년에는 칸영화제 측의 요청으로 출품되었으나 최종 리스트에는 포함되지 못했다. 국제영화제 측에서 한 작품을 지정하여 출품 요청을 한 것은 한국 정부로서는 처음 겪는 일이었다고 한다. 당시 국제영화제 출품 업무를 담당했던 영화진흥공사는 이 일을 계기로 출품 방식을 자율화하게 된다. 결국 1984년 칸영화제 주목할 만한 시선 부문에 〈물레야 물레야〉가 초청된다. 경쟁 부문은 아니었지만, 칸영화제 출품 역시 한국영화 사상 최초였다(이후 임권택의 〈춘향뎐〉(2000)이 최초로 경쟁 부문 출품작이 된다). 〈피막〉의 수상이 다소간의 돌연적 사건이라 한다면, 본격적으로 이두용을 국제영화제에 알린 것은 〈물레야 물레야〉였다.

이두용이 〈피막〉으로 국제영화제의 물꼬를 틔운 이후 한국영화의 국제적 위상은 높아져 갔다. 1982년 임권택 감독의 〈만다라〉(1981)가 베를린국제영화제에 출품되었고, 1983년 이장호 감독의 〈바보선언〉(1983)이 시카고국제영화제 본선에 진출했으며, 하명중 감독의 〈땡볕〉(1984)이 1985년 베를린국제영화제 본선에 진출했다. 그 외 여러 영화들이 다양한 국제영화제에서 상영되었는데, 그중에서도 낭트영화제가 한국영화 회고전을 개최하며 무려 13편의 한국영화를 상영한 것은 상징적인 사건이었다. 말하자면, 1980년대는 미약하지만 한국영화가 최초로 하나의 브랜드로 국제영화계에 이름을 올린 시기였다. 그리고 주지하다시피 1987년 임권택 감독의 〈씨받이〉(1986)가 베니스국제영화제 여우주연상을 받으면서 한국영화가 본격적으로 주요 영화제에서 수상하게 된다.

1980년대 중반 한국영화의 국제적 위상은 당시 해외 저널의 한 기사를 통해서도 확인할 수 있다. 영국의 《이코노미스트》는 1985년 한국영화의 국제적 위상에 주목하여 "SOUTH KOREAN FILMS, Set to make a splash by 1988"이라는 제목의 특집기사를 게재했다. 당시 주요 한국영화들과 한국 영화산업의 이슈를 다룬, 본문만 5쪽 이상의 특집기사였다. 그런데 이 기사가 가장 주목한 감독이 이두용이다.

1984년 칸영화제에 방문한 평론가들은 한국에서 온 예기치 못한 화려한 영화 〈물레야 물레야〉에 큰 감명을 받았다. 이 영화는 42세의 이두용 감독이 제작한 것으로, 그의 경력은 1969년으로 거슬러 올라간다. 이 영화는 뛰어난 컬러 촬영, 두드러진 페미니스트적 관점, 그리고 세련된 기법으로 만들어진 역사적 주제의 작품으로, 일본 감독 미조구치 겐지의 존경 받는 시대극을 연상케 했다. … **현재로서는 완벽한 한국영화는 거의 없다(비록 〈물레야 물레야〉는 근접하지만). 현대 영화 중 가장 뛰어난 작품 중 하나는 이두용의 〈장남〉이다.** 이 영화는 부모가 나이가 들어 감에 따라 장남이 부양자의 역할을 맡아야 하는 한국 가족제도에서의 갈등을 다루고 있다.[17] (강조는 필자)

말하자면, 이두용은 이 시기 국제영화계에서 임권택과 함께 한국영화를 대표하던 선두 주자였다. 그런데 의아하게도, 이와 같은 영광의 시기에 이두용은 한국 대표 감독으로서의 필모그래피를 제대로 보여 주지 못했다. 〈피막〉 이후의 첫 작품이 〈해결사〉(1981)라는 액션영화라는 점만 봐도 알 수 있다. 물론 이 영화가 졸작이라는 것은 아니다. 오히려 이 영화는 기존 이두용의 액션 세계에 한국적 현실과 생활인들의 삶을 융합한 이두용의 영화 이력에서 매우 가치 있고 주목할 만한 시도이다. 이후 〈욕망의 늪〉(1982)과 〈이상한 관계〉(1983)라는 대중 장르영화를 거친 이후에야 〈물레야 물레야〉를 만들었다. 그런데 이 영화가 칸영화제 주목할 만한 시선에 초청을 받은 이후에도 그는 〈낮과 밤〉(1984)이라는 정책홍보성 계몽영화를 만들었다. 다음 작품은 〈장남〉이라는 걸작이었으나, 다시 〈돌아이〉(1985), 〈뽕〉(1985), 〈돌아이 2〉(1986)라는 국제영화제 혹은 예술감독과는 거리가 먼 작품들로 돌아갔다. 이는 〈만다라〉 이후 〈취화선〉(임권택, 2002)까지 국제영화제를 겨냥한 영화들로 일관된 커리어를 쌓아 간 임권택과 대비되는 지점이다. 왜 이런 차이가 발생했을까? 이에 대해서는 이후 더 자세히 살펴보기로 하자.

감독+제작자+극장주(1986~1998)

1980년대 중반은 한국영화산업의 결정적인 재편기였다. 1984년 12월 국회를 통과하여 1985년 7월 1일자로 시행된 제5차 개정 영화법은 당시 한국영화산업의 판도를 완전히 바꾸었다. 이전까지는 정부가 허가한 20개 영화사만이 영화의 제작과 수입을 독점하며 외화수입권이라는 특혜를 통해 독점적인 지위를 누릴 수 있었으나, 개정 영화법은 제작사와 수입사를 분리하고 영화사를 등록제로 바꾸었으며, 등록되지 않은 영화사라 할지라도 연 1편을 자유롭게 만들 수 있도록 했다. 그간 현장 영화인들이 그토록 원했던 제작자유화 조치였다.

한편 1986년 12월 국회를 통과하여 1987년 7월부터 시행된 6차 개정 영화법은 외화 수입을 사실상 자유화하였고, 외국 법인이 국내에서 영업활동을 할 수 있도록 했다. 이는 이후 할리우드 직배를 가능케 했고, 소위 '직배 반대 투쟁'의 도화선이 되었다. 당연하게도 6차 개정 영화법 이후 수입 외화량이 급증했다. 1985년 27편에 불과했던 극영화 수입 편수는 자유화 이후 1989년에 이르러 무려 264편을 기록한다. 거의 10배가 증가한 것이다. 이는 한국영화 제작업계의 위기를 초래했고, 개봉 영화 편수가 급증하면서 상영관을 확보하려는 경쟁이 격화되었다. 그러면서 극장, 특히 서울 개봉관을 확대해야 할 필요성이 높아졌다.

이 두 가지 정책상의 큰 변화는 1980년대 중반 이후 이두용의 행보에 결정적인 영향을 주었다. 제작이 자유화되자 상당수의 현장 영화인들이 자신의 영화사를 준비했는데, 어느 정도 검증된 소위 잘나가는 감독들이 그 선두에 섰다. 판영화사의 이장호, 하명중영화제작소의 하명중, 그리고 두성영화사의 이두용 등이 대표적이다. 1986년 봄, 영화사 등록을 마친 이두용의 두

성영화사는 〈내시〉를 첫 작품으로 내놓았다. 이두용은 이후 새로운 사업에도 진출한다. 1988년부터 롯데월드 시네마 2관의 운영권을 받아 극장을 운영하기 시작했던 것이다. 1993년부터는 합동영화사의 곽정환 회장과 함께 몇 개의 극장을 동업 형태로 운영했다. 극장업을 종료하게 된 것은 IMF 이후인 1998년인데, 영업이 안 되어 부도가 났다고 한다. 이와 함께 두성영화사도 문을 닫게 된다. 〈애〉가 마지막 작품이었다.[18]

말하자면, 1986년부터 1999년까지 이두용은 감독이자 제작자이자 극장주였다. 당연하게도 작품 활동에 전념할 수 없었다. 그의 연출작은 1986년 두성영화사 창립작으로 〈내시〉를 내놓은 이래 〈침묵의 암살자〉, 〈고속도로〉(1987), 〈뽕 2〉(1988)와 〈청송으로 가는길〉(1990), 〈흑설〉(1990), 〈뽕 3〉(1992), 〈위대한 헌터 GJ〉(1995), 〈애〉 등 10편에 지나지 않으며, 그 질 역시 고르지 않다.

이 시기 발표한 작품들 중 가장 주목할 만한 영화는 〈내시〉다. 이두용의 영화 중 상대적으로 주목받지 못한 이 작품은 신상옥의 1968년 작을 리메이크한 것이다. 원작도 그러하지만, 이 작품은 매우 반역적이다. 사랑을 지키려는 후궁이 자신을 강제로 취하던 왕을 시해하는 설정이기 때문이다. 특히 이 영화가 원작과 다른 점은, 내시들의 사연과 동료애를 부각시켰다는 것이다. 최고 권력인 왕의 곁을 지키지만, 왕의 말 한마디면 언제든 목숨을 잃을 수밖에 없는 내시들이 자신들의 신념에 따라 일종의 반역으로 향하는 영화의 결말은 원작을 뛰어넘어 이두용 영화 세계의 핵심과 맞닿아 있다. 이러한 설정은 당시 공윤에서도 지적되어, 한동안 검열이 통과되지 않아 애를 먹었다고 한다.

그 외 재소자들의 비참한 삶을 그린 〈청송으로 가는길〉과 쿠데타에 가담하지 않은 양심적인 장군의 비참한 말로를 그린 〈애〉는 이두용이 가진 소외된 인간들, 보호받지 못하는 인간들에 대한 연민과 애정을 보여 주는 일종의 사회비판적인 메시지를 전달한다. 한편, 이 기간 중 이두용의 연출 이력에 흥미로운 사건이 발생한다. 할리우드 제작사의 요청으로 〈침묵의 암살자〉를 연출한 것이다. 이로써 이두용은 할리우드 진출 1호 한국 영화감독이 되었다. 그리하여 그는 1986년 11월부터 1987년 상반기까지 할리우드의 영화산업 현장을 직접 체험하게 된다.

왜 이두용은 임권택의 길을
가지 못했(않았)을까

1980년대 중반 시점에서 이두용과 임권택은 가장 유사한 위치에 있었다. 두 사람이 초기 한국영화의 해외 진출을 이끌

〈최후의 증인〉(1980) 촬영장에서 시나리오를 보고 있는 이두용 감독.

었던 한국을 대표하는 감독이라서만이 아니다. 그들은 모두 액션영화로 대표되는 저예산 상업 장르영화 감독 출신으로 상대적으로 폄하되었고, 1970년대 우수영화와 관제영화를 만들면서 상업영화를 떠나 자신들만의 예술적 표현 수단을 찾아갔다. 그리고 1980년대에 접어들자마자 그 결실을 맺었고, 국제적으로도 알려지기 시작했다. 두 감독의 1980년과 1981년 작품에 〈최후의 증인〉과 〈피막〉, 〈짝코〉(임권택, 1980)와 〈만다라〉 같은 한국영화사를 대표하는 걸작들이 있다는 사실은 이 시기 이들의 이력이 정점을 향해 가고 있었음을 보여 준다.

그런데 한국영화를 대표하던 이두용은 임권택과 달리 왜 국제영화제 수상의 물결에서 탈락해 버렸을까. 이두용과 임권택의 길은 왜 갈라지게 된 것일까. 이는 현상적으로는 두 감독의 필모그래피의 흐름에서 드러난다. 임권택이 〈족보〉(1978), 〈짝코〉, 〈만다라〉, 〈안개마을〉(1982), 〈길소뜸〉(1985), 〈씨받이〉, 〈아다다〉(1987), 〈아제아제 바라아제〉(1989), 〈서편제〉(1993), 〈춘향뎐〉, 〈취화선〉 등 일관된 방향성으로 국제영화제를 겨냥한 작가영화를 만들어 간 반면(물론 그 가운데 〈장군의 아들〉 시리즈가 변칙적으로 존재한다. 이는 이태원 회장의 요청을 임권택이 마지못해 따른 결과였다), 이두용의 필모에서는 그 경향이 일관성 없이 흔들리고 있다.

크게 두 가지 이유를 생각해 볼 수 있겠다. 우선, 자신이 영화사를 직접 차려 운영했다는 점을 들 수 있다. 영화감독이 제작사를 설립하여 운영하는 것은 매우 큰 위험이 따르는 일이다. 신필름이라는 대제작사를 만들었으나 그 규모를 감당하지 못해 끊임없이 재정위기에 노출되고, 이 위기를 극복하기 위해 상업적인 영화들을 만들어야 했던 신상옥의 사례가 대표적이다. 반면 판영화사를 만든 이장호는 애초부터 흥행영화와 예술영화를 별개의 기획으로 만들어 양쪽 모두에서 성공하겠다는 자신감을 피력했다. 물론 양쪽 모두 결과는 썩 성공적이지 못했다. 신상옥과 이장호의 입장 차이는 1960년대와 80년대의 영화에 대한 대중 인식, 영화의 상업성에 대한 인식 차이에서 비롯된다. 그래서인지 이두용 역시 이장호와 유사한 입장이었다.

지금은 딱 꼬집어서 작품성을 추구하는 작품과 흥행을 목적으로 하는 작품 중에 어느 하나만을 하겠다는 생각은 없습니다. 둘 다 중요하고 어느 것 하나 배제할 수 없는 가치가 있는 것이므로 둘을 병행하면서 새로운 긴장과 신선감을 서로에게 제공하는 것도 바람직하다고 봅니다.[19]

그는 단순히 제작사나 극장의 영업을 안정화하기 위해, 돈을 벌기 위해서만 상업적인 영화를 만든 것이 아니다. 애초에 그가 제작사와 극장을 운영했다는 것 자체가 영화를 단순히 예술의 산물이 아니라 흥행산업, 문화산업이 낳은 상품임을 인식한 결과였다고 하겠다. 나아가 그 스스로가 자신을 산업적인 시스템의 일부로 인식하고 있었다는 뜻이기도 하다. 따라서 그는 국제영화제용 예술영화뿐 아니라 자신의 영화사업을 위해서, 그리고 영화업의 본질이라 여긴 대중적 흥행을 위해서 영화를 만들었다.

임권택과 이두용의 차이는 액션영화를 바라보는 시각에서도 나타난다. 임권택은 액션영화로 대표되는 자신의 1960~70년대 흥행영화들을 부끄러워했고, 기억하고 싶어 하지도, 발언하고 싶어 하지도 않았다. 반면에 이두용은 액션영화 시절을 부끄러워하지 않았다. 그에게 액션영화는 척박하고 좁은 한국 영화시장을 벗어나려는 시도였고, 명예 회복이 요구되는 나름 자랑스러운 성취였다. 비록 성공하지는 못했지만, 미국 로케이션으로 액션영화를 만들어 해외시장을 개척하고자 했던 1976년의 시도는 이를 잘 보여 주는 사례다. 그런데 그로부터 약 10년 후 국제영화산업계의 가시적인 반응이 이두용에게 도달했다. 1987년, 한국영화 감독 중 최초로 할리우드에 스카우트되어 〈침묵의 암살자〉를 연출하게 된 것이다. 1975년 작 〈무장해제〉가 미국에 수출되어 할리우드 영화인들에게 알려졌기 때문이다. 이는 이두용에게 국제화 혹은 국제적 네트워크의 기회가 국제영화제

뿐 아니라 할리우드로 대표되는 산업계에서도 주어졌음을 보여 준다. 〈침묵의 암살자〉 연출을 맡을 당시 이두용은 다음과 같이 그 이유와 배경을 설명한다.

처음에는 많은 고민이 따랐습니다. 그래도 우리나라에서는 작품을 꽤 한다는 감독인데 쉽게 옮겨 가 오락영화를 만들 순 있나요? 게다가 제작사까지 차려 놓은 상태라 제가 움직이는 게 쉽지 않았습니다. 하지만 여러 해외영화제를 다니면서 느꼈던 '우물 안 개구리식'에서 탈피해야겠다는 생각, 또 우리나라에서는 처음 있는 기회인 만큼 제가 테이프를 잘 끊어야 후진들에게도 기회가 닿겠다는 생각, **좁은 우리 시장을 확대하는 한 방법**이라는 것 등등 심사숙고한 뒤 결정한 것입니다.[20]
(강조는 필자)

이두용에게 한국영화 국제화의 목표는 더 근원적으로 산업적인 영역 확장에 있었다. 즉, 좁은 한국 영화시장을 탈피해야 한다는 일종의 소명 의식에서 비롯되었다. 그리하여 이두용은 국제영화제에서는 한국적인 것으로, 해외 상업영화계에서는 트랜스내셔널한 것(액션영화)으로 한국영화의 국제화를 시도했던 것이다. 물론 그 결과는 성공적이었다고 말하기 힘들다. 이도 저도 되지 않은 어중간한 결과였다고 비판할 수도 있겠다.

실제로 그가 임권택과 같은 길을 갔다면, 1980년대 중반 한국 영화계가 국제적인 위상을 가진 감독을 한 명 더 가졌을 수도 있겠다는 아쉬움이 들기도 한다. 그러나 그것은 무의미한 가정 이다. 아마도 이두용은 그 시대로 돌아간다 하더라도 같은 시도 를 했을 것이다. 이두용의 다소 무모해 보였던 그 목표와 시도 들이 쌓여 이후 세계영화계 내에서 독특한 위치와 정체성을 가 진 한국영화들이 만들어졌다고 할 수 있지 않을까. 실제로 이두 용의 국제 감각, 혹은 세계영화 속 한국영화에 대한 감각은 당 대 영화계 동료들의 감각과 유사하면서도 차별성이 있었다.

세 개의 '한국'

이두용에게 기회로 다가왔던 두 개의 국제화 전략, 즉 내셔널의 특수성(로컬 미학)에 대한 강조와 트랜스내셔널 혹은 글로벌 보편성을 강조하는 전략은 일제강점기 이래 한국영화의 해외 진출을 위한 두 가지 전략의 반복이었다. 전자는 "한국적인 것이 세계적인 것"이라는 문구로 유명해진 전략이다. 이는 기술적으로 혹은 자본의 면에서 글로벌의 보편적인 경쟁력을 갖춘다는 것은 불가능하다는 인식에서 파생된 소극적인, 그러나 현실적인 전략이었다. 그에 따라 대개는 전자가 해외 진출의 모델이 되었다. 한국 영화인들이 수없이 거론한 모범 사례는 구로자와 아키라(黑澤明)의 〈라쇼몽(羅生門)〉(1950)의 베니스국제영화제 수상, 그리고 이어진 일본영화의 해외 진출 성과였다. 그러나 1960년대 말 이후 세계 영화산업계에 의미 있는 변화가 나타나면서 새로운 전략 방향이 부상한다. 1960년대 후반 장철(張徹)과 호금전(胡金銓)의 홍콩산 무협영화들이 아시아 지역을 중심으로 인기를 얻고, 1970년대 초 이소룡을 주인공으로 한 권격영화가 전 세계 영화산업을 강타했던 것이다. 앞서 언급했듯 이두용은 두 가지 방향성에 모두 걸쳐 있었다. 그런데 특이한 것은, 이두용의 회고에선 이 두 가지 한국에 더해 세 번째 한국이 발견된다는 점이다. 이 세 개의 한국이 이두용에게 어떤 의미였는지를 좀 더 살펴보자.

첫 번째 한국
: 로컬의 미학

그러다가 그것이(액션영화들을 말함) 또 시들해지면서부터는 **한국적인 것을 담으려 노력했죠.** 그래서 〈피막〉이니 〈물레야 물레야〉를 만들고 계속 이어서 〈뽕〉까지 온 거죠. 하고 싶은 것을 다하다 보니 원도 없습니다만….21(강조는 필자)

첫 번째 한국은 전통과 로컬리티의 재현 측면이다. 〈초분〉이래 〈물도리동〉, 〈피막〉, 〈물레야 물레야〉, 〈뽕〉 시리즈, 〈내시〉, 〈업〉(1988) 등으로 이어지는 흐름이다. 그에게 국제적인 명성과 위치를 안긴 계열이다. 이에 대해 이두용은 "〈피막〉과 〈물레야 물레야〉가 나에겐 중요한 전환기가 됐죠. 내 영화의 현주소를 찾았다고 할까요? 세계영화 속에서 내 영화가 어느 수준인지 가늠할 수 있었어요"[22]라고 밝히기도 했다. 그렇다면 이 "한국적인 것"의 내용은 무엇이었을까?

> 동양적인 것, 한국적인 것은 나의 주된 관심사이다. 예로 부터 내려오는 우리의 민속을 들여다보면 아름다운 것들이 많다. 예를 들어, 자식이나 남편이 군에 나가면 정안수 떠 놓고 그들의 안전을 빈다든가, 전쟁에 나가면 매일 밥그릇을 아랫 목에 묻어 두고 살아 돌아오길 기다린다든가 하는, 그런 동양 적 정서가 우리에게는 신앙처럼 강하게 있다고 생각한다. 그런 믿음들이 우리 생활 가까이 있으면서 샤머니즘과도 맞닿아 있지 않나 하는 생각이 든다.[23]

이 인용문은 겉보기에는 그다지 특이할 것이 없어 보인다. 그런데 자세히 살펴보면 이두용이 한국적이라 설명하는 것들이 예컨대 '한(恨)'이나 '한국의 미'와 같은 추상적 관념이 아니라, 구체적인 상황들(과 이를 구현한 이미지들)로 구성된다는 것을 알 수 있다. 이는 단순한 우연이 아니다. 그의 많은 영화들은 특정한 이념이나 관념적인 이상, 즉 거시적인 혹은 역사적인

1장 | 이두용의 영화 세계

주제 의식보다는 구체적이고 현실적인 상황들에 기반한다. 개별적 영화들의 풍경과 사건(내용)을 굴곡의 한국 현대사, 은유로서의 국토, 한국의 미, 한국적 한 등 거시적 맥락이나 주제어와 탁월하게 조화시켰던 〈족보〉 이래 임권택의 경향과 다른 지점이다. 이두용이 "이념적인 것이라든가 정치성 그런 것을 좋아하지 않는다"[24]고 발언한 이면에는 이와 같은 미시적인 착상, 구체적 상황에 놓인 인물들에 대한 관심, 혹은 연출 방식이 놓여 있다는 생각이다. 그런데 이 인터뷰 이후의 질문에서 이두용은 "동양적인 것, 한국적인 것"을 다소 특이하게 연결한다.

> 초기작부터 감독님의 영화 속에는 어떤 형태로든 차별받고 억압받는 캐릭터들이 등장한다.
> 그런 것이 우리 사회의 드러나지 않는 모습 아닐까? 영화라는 것이 그런 문제들을 조명하는 것이고 영화감독의 할일이 그런 것 아닌가 생각한다. 그리고 **그런 것들이 동양의 정서에도 맞는다고 생각해서** 그런 소재의 영화들을 즐겨 만든다.[25] (강조는 필자)

질문자의 물음처럼 차별받고 억압받는 캐릭터에 대한 관심은 이두용의 전작을 통해 일관되게 유지된다. 그런데 그는 이 관심을 동양적인 것(정서)과 관련짓고 있다. 이 인터뷰에서 이두용은 그 이유를 정확히 밝히지 않는다. 굳이 해석하자면, 차별받고 억압받는 인물들에 대한 동정이나 연대가 "동양의 정서"라는 것일 터다. 더 구체적인 내용은 다른 인터뷰에서 발견할 수 있는데, 이는 이후 세 번째 한국에서 살펴볼 것이다.

여기서는 이두용의 토속-사극영화들을 단순히 로컬리티 미학의 발현이라고만 해석할 수 없다는 점을 지적하고자 한다. 그는 애초에 토속-사극영화들을 만든 이유 중 하나를 다음과 같이 밝힌다. "내가 사극으로 장르를 옮기게 된 이유 중에는 검열의 영향도 있다. 사극은 일단 사상, 정치 문제 등으로 걸릴 것이 없을 거라는 판단에서였다."[26] 즉, 그는 사극을 현실에 대한 발언을 할 일종의 우회전략으로 선택했다. 연관하여 그는 〈초분〉의 제작 경위에 대해 "샤머니즘을 통한 사회 고발"이라는 테마가 끌렸다고 회고한 바도 있다.[27]

두 번째 한국
: 트랜스내셔널

두 번째 '한국'은 '트랜스내셔널'한 액션영화들과 관련된다.*

* 영화사 연구자 이영재는 영화의 트랜스내셔널한 양상이 잘 드러나는 장르로 액션영화를 꼽는다. 액션영화는 "개별 국가의 정치적 편제와 무의식의 반영물이자 국

앞서 언급한 것처럼 이두용의 초기 액션영화들은 누가 봐도 당시 글로벌 스타로 부상한 이소룡의 강력한 영향하에 있었음을 알 수 있다. 흥미로운 점은, 이두용이 이 영화들에 대해 증언할 때 〈피막〉이나 〈물레야 물레아〉 같은 영화들보다 더 '우리'에, 오리지널리티에 집착한다는 것이다.

> 이건 단순한 애국심이나 낙후되어 있는 우리 영화산업에 대한 기특한 발상이 아니라 내가 살기 위한, 내 영화를 살찌게 하기 위한 절실한 소망이었다. 그 생각을 굳히고 나니 문제는 실천이었다. 대체 어떤 영화를 만들어 내보내야 외국 관객들이 좋아할까? 아니 보아 줄까? 그 해법은 각 나라가 언어와 풍습이 달라도 이해하기 쉬운 액션물밖에 없다는 생각이 들었다. 그런데 일반적인 액션영화는 할리우드가 너무 잘 만든다. **그렇다면 그들이 잘 모르는 색다른 액션영화를 만들어 외국인들에게 보여 줘야 하는데 그건 동양철학을 바탕한 Martial Art 영화가 아닐까 생각했다. 그래서 전략적으로, '발'을 쓰는 태권영화를 만들기로 작정하고…** [28] (강조는 필자)

제적으로 통용 가능한 장르로서 개발"되었고, "그만큼 내셔널한 충동에 긴박되어 있으며 동시에 시장의 요구라는 관점에서 이를 넘어서거나 혹은 조화를 이뤄 낼 수 있는 방식을 찾아내"는 장르라는 것이다. 이영재, 앞의 책, 16~17쪽.

이 인용문은 1974년을 전후로 이두용이 선보인 일련의 액션영화의 근원이 이소룡에 있음을 은폐하고, 그 배경과 문제의식을 온전히 한국적인 역사로 덮어쓰려는 시도의 일환으로 느껴진다. 이는 당시 액션영화의 낮은 위상을 감안할 때, 그 원천을 홍콩이라 인정할 경우에 받을 수 있는 비판과 천대를 회피하려는, 대중과 비평계 심지어 스스로를 설득하는 방어적인 자기서사 기제가 축적된 결과일지도 모른다. 무엇보다 당대 액션영화들이 '무국적적'이라는 이유로 비판에 시달렸다는 점을 감안한다면 말이다. 그래서일까. 이두용, 나아가 당대 한국 영화인들은 군이 '태권도'라는 단어를 강박적으로 사용했다. 심지어 쿵후 원류의 홍콩과 대만의 영화들까지도 '태권도영화'라 칭했다. 일례로, 1973년 싱가포르에서 열린 아시아영화제를 참관하고 온 신상옥은 다음과 같이 술회한다.

우리나라 영화보다 질이 떨어졌던 중국과 '홍콩'영화가 근래에 와서 드릴과 액션물로 탈바꿈을 하여 구라파 시장까지 확보, 많은 외화를 벌어들이는데 우리 영화는 전근대적인 작품으로 관객으로부터 유리되는 인상은 참으로 영화산업을 위해서 안타까운 일이라고 신감독은 개탄한다. … **신 감독은 그 예로 전 세계에 널리 알려져 있는 우리의 태권도를 소재로 한 영화제작에 있어서도 우리는 많은 제약을 받아 좋은 작품을**

못 만드는데 중국이나 '홍콩'은 태권도를 적절히 액션영화에
사용, 영화를 제작해서 구라파에서 인기를 끄는 것을 볼 때 안
타깝기만 하다고 지적한다.[29] (강조는 필자)

신상옥은 홍콩 액션영화의 무예적 기원이 태권도에 있다는
듯, 그들이 태권도를 찬탈이라도 한 듯 주장한다. 그런데 이 이
해하기 어려운 주장은 당대 한국영화계에서 꽤나 통용되는 것
이었고, 그래서 권격영화를 아예 '태권도영화'라 부르기도 했
다. 그러니까 신상옥의 아쉬움 섞인 발언은 이두용의 인터뷰와
연장선상에 있다. 말하자면, 이두용은 1970년대 초중반 홍콩
영화계에 대한 한국영화계의 질투와 이루지 못한 욕망을 30여
년이 지난 뒤에까지 자기서사로 삼고 있는 셈이다. 그런데 이
것이 온전히 회고적인 것만은 아니다.

그런 부정적 시선과 더 나아지지 않는 열악한 조건 때문에
결국 난, 7~8년 동안 20여 편을 만들던 "우리 액션영화 만들
기"를 그만 접었다. **하지만 난 지금도 '우리 액션영화'에 미련
이 있다.** 천만 불을 육박하는 제작 자본의 큰 규모와 첨단기술
의 발전 등 수준급 영화제작이 가능한 제반 여건이 얼추 갖춰
진 이때, 우리가 명예만을 위해 영화제 출품용 영화를 만들어
수상만 노릴 게 아니라 **세계 영화시장 진출의 첨병 구실을 할**

수 있는 특수한 액션영화를 만들어 실익을 취해야 할 때가 되지 않았나?라고 보는 것이다.[30] (강조는 필자)

이두용이 지속적으로 강조하는 '우리' '액션영화'의 정체성은 무엇일까. 그것은 근본적으로 내용 혹은 재현 대상에 있지 않다. 액션영화는 이두용의 말을 빌리면, "각 나라가 언어와 풍습이 달라도 이해하기 쉬운" 것, 이영재의 말을 빌리면 트랜스내셔널 전환이 가능한 신체적 기예를 담지한 것이다.[31] 그것은 일종의 상품의 브랜드와 같다. 이두용은 이 시기 우리 영화의 '우리'를 고유의 어떤 정신성이나 삶의 표지가 아니라 '발'로 대표되는 '태권도'라는 브랜드에 둔다. 이건 마치 요즘 우리 K-팝 산업계가 K-팝은 팝인가를 두고 고민하는 것과 비슷하다. 최근 K-팝은 어떤 한국적인 특수성을 담은 콘텐츠라기보다 하나의 브랜드로 인식된다. 이를 감안할 때 이두용의 이와 같은 인식은 어느 면에선 선구적이라 할 수 있겠고, 어느 면에선 국제적 문화 흥행산업의 본질을 꿰뚫는 통찰이라 할 수 있다. 그리고 그것은 하나의 방향을 두고 수십 년간 정진했던 문화산업 콘텐츠 업계의 장인만이 가질 수 있는 시각이다.

세 번째 한국
: 한국인의 보편적인 삶의 조건

이제 마지막 세 번째 '한국'을 확인해 보자. 이두용은, 한 재소자의 비인간적 감옥 생활을 고발한 〈청송으로 가는 길〉의 백상예술대상과 영화평론가협회상 수상을 축하하는 인터뷰에서 다음과 같이 말하고 있다.

> 감독님 작품 〈청송으로 가는 길〉에서 가장 중점적으로 표현하고자 한 주제는 무엇이었습니까?
> **우리, 즉 한국인의 보편적 삶**을 이야기하려고 했습니다. 제가 〈장남〉이란 작품에서도 이런 주제를 한 번 다룬 적이 있는데 현대는 무능력자가 살 수 없는 시대이지요. 불구자든 노인이든 **우리는 서구의 구비된 사회보장제도에 너무 떨어지기에** 그들이 거의 방치된 상태이지요. 그래서 이 작품을 구상할 때부터 무능력자를 구제할 방법은 없는가? 정녕 그들은 방치된 채로 생을 마감해야 하는가? 하는 문제에 접근을 시도한 것입니다.[32] (강조는 필자)

그러니까 세 번째 한국은 한국인의 '보편적 삶'과 관련된다. 이것은 앞서 언급했던 두 개의 '한국'과는 다르다. 전자의 두 한국이 외부 세계를 향해 한국이라는 이미지를 어떻게 구축할 것인가라는 질문이라면, 후자는 내부를 향해 있고 사람을 향해 있다. 그런 면에서 이때의 '한국(인)' 개념은 내포적이다.

그렇다면 이 '한국'은 앞의 두 '한국'과 완전히 결이 다른, 말하자면 외부를 상정하지 않은 '우리'를 그저 '한국'이라 지칭하는 것이 아닌가라고 질문할 수 있다. 여기서 이두용의 문장을 다시 한 번 살펴보아야 한다. "우리, 즉 한국인의"라는 문구 속에서 그는 자신이 포함된 집단을 표현할 때의 '우리'와 외부를 의식한 '한국인'이라는 두 단어를 무의식적으로 병렬한다. 그 외부가 무엇인지는 곧바로 나온다. '구비된 사회보장제도'를 가진 서구이다. 첫 번째 한국이 패권적 지위를 가진 세계영화계(더 구체적으로는 서구 중심의 세계영화제들)에 외투사하기 위해 외부의 시선을 내투사하여 재구축한 결과라면, 세 번째 한국은 온전히 내부를 비판하고 설득하기 위해 외부의 시선을 끌어오고자 한다. 서구의 보편적 삶의 조건을 한국으로 이식하고자 하는 시도인 셈이다.

인용한 그의 답변에서 독특한 점은 '한국인의 보편적 삶'의 대표자들이 무능력자, 불구자, 노인 등이라는 사실이다. 그에게 한국인은 어떤 추상적인 집단체라기보다는 구체적인 상황(예컨대 사회보장제도의 사각지대에 있는) 속 약자들을 의미한다. 그는 여기서 자력으로 스스로를 구제할 능력이 없는 사람들,

그리고 스스로를 방치할 수밖에 없는 사람들을 보편의 자리에 위치시킨다. 이는 그의 경력과 세대를 감안할 때 매우 급진적인 인식이다. 물론 그가 어떤 구조적인 해결책을 모색하거나, 총체적인 비전 내에서 그 주제를 제시하는 것은 아니다. 그런 의미에서 그의 영화들은 일종의 연민과 휴머니즘이라는 범박한 관념 속에서 재현된다고 할 수 있을지 모른다. 그러나 이 열악한 약자들을 매우 구체적인 조건 속에서 재현해 낸 영화들이 때로, 총체적 리얼리즘을 제시하는 거시적이고 관념적인 영화들보다 미학적으로나 윤리적으로 나아 보일 때가 있다. 그런데 이 약자의 조건을 문제 삼자, 그 약자를 보호하지 못하는 공권력과 국가에 대한 불신과 비판이 자연스럽게 뒤따른다. 그 주제 의식을 담은 대표작 중의 하나가 〈최후의 증인〉일 것이다.

박찬욱 감독은 〈최후의 증인〉을 처음 본 순간을 다음과 같이 묘사하고 있다.

〈최후의 증인〉을 본 건 우연이었어요. 〈화녀 82〉(김기영, 1982)를 극장에서 보고 충격적인 경험을 한 번 한 이후에 다른 작품을 찾아 헤매다가 남산의 영화진흥공사(영화진흥위원회 전신) 시사실을 찾아갔는데, 무슨 이유에선지 이 감독님의 〈피막〉과 〈최후의 증인〉을 연달아 상영했습니다. **김기영 감독님 세계와는 또 다른 의미에서 한국적인 것, 한국의 역사와 전통, 한국**

인의 심성이 뭔지, 좀 더 근원적인 한국성을 탐구하는 영화들입니다.[33] (강조는 필자)

여기서 박찬욱은 〈피막〉과 〈최후의 증인〉을 동궤에 두고 '한국적인 것'에 대해 논한다. 이두용 역시 그러하다. 첫 번째 한국에서 언급된 인용문에서 이두용은 차별받고 억압받는 인물들을 조명하는 것이 동양적 정서와 연관된다고 했다. 그러니까 소위 '로컬리티 미학'에서 이두용은 그 풍속을 재현해 내는 것이 아니라 핍박받고 억압받는 사람들을 조명해 내는 것이 핵심이라고 보았고, 이는 세 번째 한국과 이어지는 셈이다. 장을 바꿔 이 주제를 좀 더 살펴보기로 하자.

국가와 공권력의 부재,
불신 속에서 삶을 건져 내다

예컨대 〈뽕〉에서 일제시대는 그다지 중요하게 작용하지 않는
다. 일제점령기라는 시대적 배경은 독립운동에 관여하는 남편
의 존재로 슬쩍 암시되는 정도다. … 최정무의 말대로 '민족이
라는 상상체로 설정되는 것이 외세에 오염되지 않은 순수한
가부장적 공동체'라고 할 때 '유린되지 않은 순결한 몸'으로 상
징된 민족은 상실된 것이다. 그러나 이러한 문학적 메타포를
〈뽕〉에 적용하는 것이 망설여지는 이유는 여기에는 애도의 기
운이 전혀 느껴지지 않는다는 점 때문이다. … 공공성을 가진
그녀의 섹슈얼리티는 여성 몸의 훼절로 애도되기는커녕 여성
몸의 활력으로 찬양되고 있는 것이다.[34]

인용문의 필자 강소원에 따르면, 〈뽕〉의 안협네를 비롯한
여성들은 "아버지나 남편 그리고 아들 중심의 가부장제로부터

벗어나" "전통적인 여성상에 균열을 일으키며 반짝이는 존재"
다.[35] 그리고 이것이 가능한 이유는 아이러니하게도 가부장이
부재하거나 남성이 남성다움을 상실해 버린 피식민지기였기
때문이라는 것이다. 이는 일제강점기와 관련하여 흔히 적용되
는 관점은 아니다. 그보다는 여성 신체의 '순결' 상실을 민족성
의 상실이나 침탈로 알레고리화하는 경향이 더 일반적이다. 여
기서 더 나아가, 강소원은 국권 상실의 시대에 이 영화에서 왜
'애도의 기운'이 느껴지지 않는가를 질문한다. 강소원은 여기에
특별한 답을 주지는 않는다. 이 질문에 대한 답은 이두용의 다
른 일제강점기 배경 영화들, 즉 1970년대 중반 액션영화들을
함께 참고할 때 가능해질지도 모르겠다.

   이두용의 1970년대 중반 액션영화들에서 만주(부분적으로는
상하이)를 배경으로 한 식민지기는 활력의 방식으로 재현된다.
이러한 활력이 가능했던 것은 1970년대 군사정권의 숨 막히는
현실적 공간으로부터 탈피했기 때문이고, 그 시공간이 다소간
공권력의 진공상태에 있었기 때문이다. 이영재는 1960년대 말
이래 만주라는 공간이 민족주의적 구심력과 함께 초국가적 원
심력에 노출된 상태라 규정하는데,[36] 나는 이소룡의 액션영화
와 마카로니웨스턴을 경유한 70년대 이두용의 액션영화 공간
에서 이 원심력이 훨씬 크게 작동한다고 말하고 싶다. 그러다
보니 이두용의 이 영화들은 항일 의지, 혹은 민족 대 민족의 갈

등과 전투 상황을 진지하게 드러내지 않는다. 이 일련의 액션영화들에서 공권력을 담지한 주체는 일본군(헌병)이다. 그러나 이 영화들은 일본군을 한 국가의 정규군이라기보다는 경쟁하는 타민족(대표적으로 중국) 조직폭력배와 유사한 느낌으로 그려 낸다. 이로써 일본의 공권력은 그 '공(公)'을 상실하고, 한중일 민족 집단들이 경쟁하는 구도에서 n분의 1 지분만을 허용받는다. 그렇기에 신체와 신체의 자유로운 대결이 가능해지는 것이다.

액션영화뿐 아니라 대부분의 이두용 영화 속에서 (공)권력은 삶을 질식시키고, 나아가 영화적 표현의 활기마저 질식시키는 기제로 등장한다. 예컨대 〈뽕〉의 힘겨루기 장면에서 뿜어지는 농촌 생활공동체의 어마어마한 활기는 순사가 등장하는 순간 순식간에 사라진다. 이 영화에서 활기가 사라지는 몇 안 되는 순간이다. 표면적으로 항일을 내세운 1975년 작 〈무장해제〉는 일본의 명령으로 대한제국군이 제복을 뺏기고 무장해제를 당하는 수난의 장면들, 심지어 그것을 견디지 못하고 집단 자살하는 비장한 장면들로 시작된다. 그러나 주인공이 등장하면서부터 초반의 비장미는 사라지고, 1974년 내내 보여 주었던 액션의 활기가 가득 차게 된다. 물론 중간중간 인간적 고뇌와 저항의 정신이 없는 것은 아니지만, 전형적 항일영화로 보였던 시작부의 비장함이 무색해질 지경에 이른다. 말하자면, 군권 상실이라는 사건은 무게감을 더하기 위한 일종의 맥거핀

MacGuffin 같은 것이었다.

여기서 더 나아가, 적극적으로 국가와 공권력을 비판하는
영화들이 있다. 다양한 공권력 담당자들의 폭력과 부패의 현장
을 증언하는 〈최후의 증인〉은 그 전환점이자 극점이라고도 볼
수 있을 것이다. 압제의 원인인 왕을 시해하고, 내시들이 반란
에 동조하는 〈내시〉는 왕 개인을 넘어 왕정이라는 체제를 비판
한다. 투옥된 재소자의 비참한 삶을 그린 〈청송으로 가는 길〉,
쿠데타에 가담하지 않아 비참한 말년을 보내는 한 장군을 그린
〈애〉에도 국가와 권력에 대한 비판적 시선은 상존한다.

비단 공권력뿐인가. 이두용의 사극-무속영화들은 지배층이
만들어 낸 전통과 인습의 지배 논리 속에서 공동체와 사람들의
삶이 질식해 가는 설정을 기본으로 한다. 〈초분〉, 〈물도리동〉,
〈피막〉, 〈물레야 물레야〉와 같은 영화들이 그렇다. 이 영화들
속 전근대적 농촌공동체는 전통이라는 미명으로 억압적인 권
력을 유지하는 토호 세력과 이들에게 고통받는 양민의 삶이 극
적으로 충돌하는 공간이다. 이두용의 영화들은 그 권력의 횡포
를 매우 실감 나게 고발한다. 그런 면에서 1970년대 중반 이두
용 액션영화들이 관객들에게 준 쾌감은 단순한 신체의 활기가
아니라, 국가권력에 의해 질식할 것 같았던 시대에 가상적이
나마 공권력이 사라진 시공간 속에서 각자의 욕망과 정의가 자
유롭게 구현될 수 있었던 일종의 숨구멍과 같은 순간들에서 비

롯되었을지도 모르겠다.

물론 공권력을 부정적으로 그리지 않은 영화들도 있다. 〈체포령〉, 〈해결사〉와 같이 현대를 배경으로 한 액션영화들, 〈생사의 고백〉이나 〈지옥의 49일〉과 같은 반공영화, 〈경찰관〉과 같은 공권력의 담지자를 주인공으로 내세운 영화들이 그렇다. 그런데 〈체포령〉과 〈해결사〉의 경우에 공권력이 매우 이상하게 재현된다. 이 영화들은 기본적으로 각자의 집단에 속한 갱들 간의 갈등으로 영화가 진행된다. 그 가운데 경찰은 뜸하게 보이다 보이지 않다 하다가 마지막에 악인들을 체포하는 종국적인 해결사로 등장한다. 굳이 따지자면 이들 존재는 서사적 결함에 가깝다. 이는 1970~80년대 갱스터 장르가 공권력에서 온전히 벗어날 수 없는, 폭력을 독점했던 국가-법의 테두리라는 벗어날 수 없는 시대적 한계의 산물임을 인정하면서 그 자취를 최소화하려는 시도의 산물이 아닐까? 〈생사의 고백〉에서 공권력은 간첩의 인권을 보장하면서도 사려 깊은 권력으로 재현된다. 그러나 마찬가지로 공권력의 비중은 극히 작다.

아마도 공권력을 넘어 국가 자체를 긍정적으로 호명하는 거의 유일한 예외에 가까운 작품이 애국가와 태극기 등에 대한 집착적인 표현을 드러내는 반공 전쟁영화 〈지옥의 49일〉일 텐데, 이 작품마저도 공산 치하에서 고통받는 민중들의 운명을 구한 것은 목숨을 걸고 저항한 민중들 자신이었다. 남한군 함선은 최후의 순간에야 등장하여 포격을 통해 최종적으로 북한 군 섬멸에 도움을 주는데, 이 장면이 매우 의미심장하다. 이 함선은 섬에 상륙하지 않는다. 그리고 멀리서 함선의 대원들이 섬 주민들에게 손을 흔드는 것으로 끝이 난다. 그런데 이 함선은 누가 봐도 제작 당시, 즉 1970년대 말의 함선이고, 손을 흔드는 대원들은 그 시대의 실제 군인들이다. 결국 이 영화 역시 국가, 정규군이라는 존재를 최후에 그저 흔적 정도로만, 그마저도 시대착오적 엔딩으로 꾸며 놓음으로써 그 실존성과 역사성을 탈각시켜 버린다.

마지막으로 〈경찰관〉은 매우 독특하다. 〈경찰관〉은 박봉과 과로에 시달리는 경찰관을 위무하는 영화다. 영화 속 말단 경찰들은 믿을 수 없을 정도로 주민들을 배려하고 인권에 민감하다. 당대를 겪어 온 세대라면 이런 경찰의 모습이 현실적이지 않다는 것을 안다. 군사정권의 폭력성이 최고조에 달했던 70년대 말, 경찰관이 국민들, 특히 하층민들에게 이렇게 가까운 존재였을 수도 없고 인권을 배려하지도 않았을 터이다. 그런데 이두용은 경찰의 권위주의적 현실보다 이상적인 경찰상을 제시함으로써 이상에 미치지 못하는 당대의 상황을 비판하는 동시에, 이상에 도달할 것을 격려한다. 좋게 말해서 격려이지, 나쁘게 보자면 이상에서 멀어진 현실에 대한 비판으로 읽힐 수 있다. 이 영화를 본 치안본부장이 서민을 위하는 경찰관의 애

환을 잘 그렸다며 치하했다는 일화가 있지만, 영화평론가 김형석은 "그 안에 비수가 있는 리얼리즘 드라마"라 평했고, 이두용 본인은 "'낮은 자의 한' 같은 걸 건강한 방식으로 보여 주고 싶었다"고 밝힌다.[37]

이두용 영화 세계의 특징 중 하나는 추상적인 관념에 얽매이지 않는다는 것이다. 그는 개인의 개별적 상황을 국가적 운명이나 추상적 역사보다 더 중요시한다. 어쩔 수 없는 시대적 한계가 없다고는 할 수 없으나, 그에게는 70~80년대 국가나 민족, 이념에 대한 거시적 감각이 별로 없다. 당대 많은 영화들이 이 관념들을 집단적 표상의 양식으로 표출했던 시대임을 감안하면 매우 흥미로운 지점이다. 예컨대 그는 우수영화용으로 기획된 한두 편의 예외를 제외하면, 반공주의를 본격적으로 재현하거나 일제강점기 식민의 고통을 민족사적 관점에서 재현하지 않는다. 당대성의 공통 가치나 감각에서 벗어나기는 매우 어려운 일이다. 특히나 집단주의가 강력하게 작동했던 권위주의 시대에는 더욱 그렇다. 그런데 이두용의 영화들은 이 구심력에서 한 발자국 벗어난다. 바로 이 지점이 이두용 영화의, 어쩌면 이두용이라는 인간이 가지는 매우 독특한 특징이 아닐까.

말하자면 이두용의 영화들은 법이 무화된 세계, 혹은 폭력적인 법과 권력에 억압받는 세계 속에서 말 그대로 몸뚱이 하나로 버티는 인물들을 그린다. 그 속에서 활기와 애도가 길항한다. 공권력이 사라진 곳, 혹은 국가-법이 제 역할을 하지 못하고 실패하는 곳에서의 삶은 활기찰 수도, 누구도 구제해 주지 못할 정도로 비참할 수도 있다. 후자의 영화들 속에서 이두용의 표현을 빌리자면 "낮은 자의 한", 혹은 "한국인의 보편적인 삶"이 드러나는 것이다. 그리고 이 주제를 구현한 대표적 작품이 〈최후의 증인〉일 것이다.

2장
〈최후의 증인〉
: 시대의 한계를 넘어서다

"키가 더 작아지신 것 같아요."
"요샌 점점 더 작아지는 기분입니다."
"그 사건 때문에 그러시는군요."

시대가 낳은 걸작인가?

이 장에서는 몇몇 토픽들을 중심으로 〈최후의 증인〉에 대해 논의해 볼 것이다. 논의와 분석의 많은 부분이 서사와 캐릭터, 검열과 장르 등에 맞춰져 있는 만큼 영화에 대한 본격적인 논의에 앞서 줄거리를 먼저 살펴볼 필요가 있겠다. 아래 줄거리는 KMDb를 바탕으로 보완한 것인데, 러닝타임이 길다 보니 요약 역시 어쩔 수 없이 길어졌다.

문창경찰서의 오병호 형사(하명중)는 양조장 주인 살인사건을 전담하게 된다. 오 형사는 죽은 양달수(이대근)의 과거와 연루된 인물들은 찾아다니다 황바우(최불암)의 존재를 알게 되고, 빨치산 출신의 강만호(현길수), 양달수의 첩으로 술집 여인이 된 손지혜(정윤희)를 만나며 진실에 접근해 간다. 6·25 당시 외동딸 손지혜를 데리고 입산한 공비대장 손석진(최성호)은 강만호에게 자신의 전 재산을 숨겨 둔 보물 지도를 주고 딸을 부탁한

후 죽는다. 그러나 공비들은 지혜를 윤간하고, 그 과정에서 그녀가 임신했음이 밝혀진다. 강만호는 청년대장 양달수를 통해 자수하려 하지만, 약속과 달리 토벌전이 벌어지며 모두 죽고, 강만호, 황바우, 손지혜, 한동주(태일)만 살아남게 된다. 손지혜와 황바우는 부부의 연을 맺고 지리산의 보물을 찾는다. 그러나 양달수는 검사 김중엽에게 뇌물을 제공하여, 체포 이후 죽은 한동주를 살해한 혐의로 황바우가 무기징역을 선고받도록 한다. 이를 몰랐던 손지혜는 강만호와의 사이에서 낳은 아들 태영을 황바우의 누나에게 맡기고, 양달수의 첩이 된다. 그리고 양달수는 보물을 판 돈으로 양조장을 시작한다. 오 형사는 한동주의 동생 한봉주(박종설)의 공격으로부터 자신을 지키려다 살인을 저지르고 수배를 받는 등의 고초를 겪으면서도, 친구인 엄 기자(신우철)의 도움을 받으며 집요하게 사건을 추적한다. 결국 죽은 줄 알았던 한동주가 살아 있었다는 충격적인 사실, 그리고 양달수와 김중엽 살인사건이 한동주의 교사로 손지혜의 아들 태영이 복수를 감행한 결과임이 밝혀진다. 가석방으로 옥살이를 끝낸 황바우는 정신병원에 입원한 태영을 지키기 위해 모든 것이 자기 죄라며 자살하고, 손지혜도 그를 따른다. 진실을 모두 파헤친 오 형사 역시 20여 년간 지속된 비극의 무게 탓에 자살하고 만다.

〈최후의 증인〉은 1980년 11월 15일에 개봉했다. 이두용의 증언에 따르면, 대략 1979년 5월 촬영에 들어가 1980년 3월에 촬영을 마친, 촬영에만 거의 10개월이 걸린 영화였다. 길어야 3개월, 짧으면 7일에서 10일 만에 촬영을 마치는 영화들도 상당수 있었던 시절임을 감안하면 매우 이례적인 일이다. 애초부터 대작으로 기획되었다는 의미다. 이 영화의 높은 완성도에는 이두용 감독의 연출력은 물론이고, 원작의 힘과 방대한 원작을 수준 높게 각색한 윤삼육의 능력, 그리고 한국영화사에서 가장 빛나는 촬영감독 중 한 명인 정일성의 공이 있었을 것이다. 여기에 더해 10개월이라는 당시로서는 긴 촬영 기간과 파격적인 제작비, 스토리 순서대로 전국 각지를 돌며 촬영을 진행해 나간 제작 방식의 영향도 크다고 본다. 그러니까 이두용은 이 영화에 대해 출발부터 다른 태도로 시작했던 것이다.

곽정환과의 결별

어떻게 이두용은 그전 자신의, 나아가 한국영화 일반의 제작 관행과 결별할 수 있었을까? 합동영화사와의 결별을 첫 번째 원인으로 꼽을 수 있겠다. 앞서 언급했듯, 이두용은 1974년 이래 1979년까지 합동영화사에서 전속처럼 일했다. 합동영화사는 좋게 말하자면 영화사를 매우 영리하게 운영하는, 나쁘게 말하자면 영화에 대한 예술적 야심이 거의 없는 회사였다. 흥행과 효율을 중시한 곽정환 대표의 합동영화사에서는 위험성이 큰 대작 영화, 야심작 같은 건 상상하기 어려웠다. 액션영화 시절의 이두용은 그래서 가장 적절한 파트너였을 것이다. 이후 이두용 감독이 의외의 연출력을 드러내면서 우수영화 전문 감독으로 캐스팅되었다고 할 수 있다.

내 경우에는 지방에서 들어오는 돈의 70~80퍼센트만으로 영화제작이 끝난다고. 그러면 20퍼센트를 내가 들고 들어간다고. 그러니까 돈을 많이 벌더라구. 그래서 나 하는 이야기가 있어. 야 너희 멸치가 반찬이니 아니니? 잉어만 먹으려고 하지 말라고, 대박만 치려고 하지 말라 이거야. 멸치도 잘 먹으면 반찬이 된다 이거야.[38]

물론 이러한 "멸치"의 철학은 곽정환만의 것은 아니었을 것이다. 그러나 곽정환과 합동영화사는 이 철학을 시종일관하게 이끌고 간 회사였다. 〈지옥의 49일〉을 마지막으로 합동영화사를 떠난 이두용은 새로운 제작사를 만난다. 당시에는 '메이저' 영화사라 할 수 없는 세경흥업주식회사였다. 그러나 세경흥업주식회사의 전폭적인 후원 아래 이두용은 전에 없던 시도를 할 수 있었다.

합동영화사를 떠나 여러 영화사에서 작업을 하는데, 그때 세경영화사에서 연락이 왔어요. 김화식 씨라는 여성 제작자가 계신 곳인데, 아들인 김동진이 기획실장이 된 거예요. 의욕적이었어요. "영화다운 영화를 하고 싶다"고 하더라고요. 여러 아이템 중에 김성종의 《최후의 증인》(1974)이 있었어요. 원작 있는 영화를 별로 안 좋아하지만, 6·25 전쟁에 대한 이야기를 해야겠다는 생각은 항상 있었어요. 하지만 전쟁영화가 아닌 방식으로 하고 싶었는데 김성종의 소설이 딱이었죠. 그러면서 청년단장이나 검사 같은 권력자에 대한 비판을 담고 싶었고, 전쟁의 상흔을 보여 주고 싶었어요. 시나리오 완고 나오기 전에 크랭크인을 했고, 10개월 동안 참 열심히 찍었죠. 전국 각지 안 간 곳이 없었고요.[39]

어쩌면, 이두용은 〈최후의 증인〉과 같은 걸작을 만들 준비가 이미 되어 있는 감독이었다. 그 시점을 늦추었던 혹은 가로막았던 것은 당시 한국영화의 초라한 제작비 규모, 예술적 야심이 없는 제작자들의 의식구조, 평균 제작 기간 3개월 남짓한 제작 관행, 이를 강제한 영화정책, 새로운 표현을 억눌렀던 검열 등을 포함한 당시 영화산업과 정책의 거시적 환경이었다. 이와 관련하여 이두용은 다음과 같이 간단하게 정리했다. "영화의 완성도는 다른 거 없습니다. 제작에 대한 투자예요. 웬만한 감독들은 일정한 능력들이 있기 때문에 다 그렇게 할 수가 있죠. 웬만한 감독들은 이제 영화는 회사와 만드는 장인과 합의가 잘돼야 좋은 작품이 나오는 거죠."[40]

이 말은 상당 부분 진실을 담지하고 있다. 물론 그렇다고 이두용의 재능과 역량이 과소평가되어서는 안 되겠지만 말이다. 그러나 제작 여건의 변화만이 〈최후의 증인〉을 걸작으로 만든 것은 아니다. 어쩌면 그보다 더 큰 시대 변화의 흐름이 배경에 있었다.

'서울의 봄'과 한국영화계

앞서 언급한 대로, 〈최후의 증인〉은 시나리오 완고(完稿)가 나오기 전인 1979년 5월부터 촬영에 들어가 1980년 11월에 개봉이 되었다. 1년 6개월이 소요된 셈이다. 이 기간은 주지하다시피 한국 현대사에서 격동의 시기였다. 1979년 10·26 사건으로 박정희 전 대통령이 사망하면서 4공화국이 끝났고, 그해 12월 12일 군사쿠데타가 발발했다. 국민들은 이 사건의 파장을 예감하지 못한 채 민주화를 꿈꾸었다. 이른바 '서울의 봄'이다. 그러나 1980년 5월 광주의 비극은 서울의 봄이 끝났음을 알렸고, 이후 신군부가 집권하면서 제5공화국이 탄생했다.

이 기간 영화계의 흐름 역시 역동적이었다. 1979년 4월, 문공부(문화공보부)가 본편의 검열권을 공연윤리위원회(이하 공윤)로 이관했다. 이로써 공윤은 시나리오 검열과 본편 검열을 함께 수행하는 본격적인 영화 검열 기관이 되었다. 공윤은 민간의 형식을 띤 사실상 관제 기관이었지만, 형식뿐인 민간기관이라도 효과가 없지는 않았다. 공윤이 본편 검열을 담당한 이후 알게 모르게 검열의 수위는 다소간이나마 낮아지고, 현장과의 소통이 개선되고 있었다. 우연인지 아닌지, 〈최후의 증인〉이 막 촬영에 들어간 시점이었다. 1980년 3월, 서울의 봄기간 중 공윤의 시나리오 검열이 공식적으로 철폐된다. 새로운 헌법 개정이 논의되자, 영화인들은 영화 검열 폐지를 강하게 요구했다.

〈최후의 증인〉이 시나리오 검열을 받은 것은 서울의 봄 한복판, 시나리오 검열제도가 공식적으로 사라지기 전인 1980년 2월이었다. 비록 1980년 5월 광주항쟁 이후 제5공화국 헌법이 제정되면서 검열은 폐지되지 않고 남았지만, 서울의 봄이 남긴 흔적도 있었다. 검열을 포함한 5공화국의 영화정책은 4공화국에 비해서는 상대적으로 완화되었고, 이 기간 상당한 문제작들이 제작되었다. 영화평론가이자 영화사 연구자 이영일은 1980년의 영화계를 다음과 같이 회고한다.

이러한 면에서 80년은 한국영화의 발전에 많은 저해 요인을 안고 있었던 한 시대의 종말과 함께 새로운 발전의 가능성을 기대하는 새 시대와의 소용돌이라고 한다면 우리는 이 한 해를 뜻있게 보내도 좋을 것이다. … 바로 이러한 까닭에 지난해의 영화계에서는 모든 영화인의 여망으로 영화법, 영화정책의 개정, 개선을 비롯해 누적한 폐단에 대한 개선의 움직임이 있었다. 영화가 민족문화의 선양에 미치는 의의를 생각할 때 우리는 그 모든 해묵은 저해 요인들이 묵은 시대, 과도기의 청산과 함께 과감하게 불식되기를 기대하게 된다.[41]

이영일은 1980년을 일종의 전환기로 본다. 개인적으로 이 견해에 동의한다. 이 전환의 가장 상징적인 작품은 아마도 이장호의 〈바람불어 좋은날〉일 것이다. 이 영화는 1980년 3월, 시나리오 검열을 받았고, 1980년 8월 말 검열을 통과했다. 우연인지 아닌지, 〈최후의 증인〉의 검열 기간과 유사하다. 〈바람불어 좋은날〉은 전면적이지는 않지만 계급 간의 갈등을 그려내며 민중들의 건강한 삶을 찬양한다. 1970년대였다면 결코 만들어지지 못했을 영화다.

분단을 성찰하다
: 세 편의 분단영화

그렇다면 이 시기 〈최후의 증인〉과 같은 한국전쟁 배경의 영화, 혹은 소위 반공영화 계열의 작품들은 어떻게 변화했을까? 우선 언급해 둘 것은 1980년으로 넘어오면서 반공영화 편수가 극도로 줄어들고 경향 역시 변화한다는 점이다. 반공영화 제작 편수는 1978년 12편, 1979년 8편, 1980년 4편, 1981년 1편으로 줄어든다.[42] 이는 4공화국의 영화정책이 5공화국과 직접적으로 연결되지 않기 때문이기도 하고, 우수영화에 대한 개념이 이전의 국책 혹은 정책성 선전영화에서 벗어나 그야말로 양질의 영화를 의미하는 방향으로 바뀌어 갔기 때문이기도 하다.

그나마 제작된 소수 반공영화들의 경향 역시 변화하고 있었다. 대표적으로 〈장마〉(유현목, 1979), 〈짝코〉, 그리고 〈최후의 증인〉을 거론할 수 있다. 북한군 빨치산과 토벌대로 나뉜 한 집안 사돈 간의 갈등과 치유 과정을 그려 낸 〈장마〉는 남북한 적대 구도로 그려지던 기존 반공 전쟁영화의 지평을 넓혔다. 임권택의 〈짝코〉는 자신의 경력과 가족을 파탄 낸 빨치산을 쫓는 경찰과 그를 피해 도망 다니는 빨치산 간의 30년 세월과 감동적인 화해의 순간을 담고 있다. 〈최후의 증인〉은 한국전쟁기의 비극적 사건이 이후 부패한 한국사회에서 어떻게 확장되고 구조화되었는지를 파헤친다. 〈장마〉는 1979년 제18회 대종상영화제에서 우수작품상을, 〈짝코〉는 1980년 제19회 대종상영화제에서 심지어 우수반공영화상을 수상했고, 〈최후의 증인〉은 우수영화에 선정되었다. 말하자면 이 영화들은 단순히 제작된 것을 넘어 국가적인 공인을 받은 셈이다.

다른 한편으로 1979년 3월에는 미국의 베트남 참전을 비판적으로 그린 〈디어 헌터The Deer Hunter〉(마이클 치미노, 1979)가 중앙극장에서 3월 3일부터 6월 21일까지 3개월이 넘는 장기흥행을 하여 35만 명 이상의 관객을 동원, 그해 외화 흥행 순위 4위에 올랐다. 반공으로 상징되는 강고한 냉전 구도가 전 사회적으로 깨지기 시작한 것인지, 아니면 영화에 한정해 표현의 영역이 확대된 것인지에 대해서는 더 심도 깊은 논의와 연구가 필요하겠으나, 70년대 말부터 영화적 반공의 지형도가 흔들리고 1980년을 지나며 새로운 경향으로 나타났다는 점은 분명해 보인다.

당시 한국전쟁 영화의 새로운 경향을 낳은 세 거장의 걸작들은 전쟁의 본질, 즉 그 폭력성과 폭력이 낳은 상흔을 진지하게 성찰한다는 공통점이 있다. 물론 그 성취가 당대의 시대적 한계를 온전히 뛰어넘을 정도라고 보기는 어렵다. 예컨대 〈최후의 증인〉에서 빨치산을 그리는 방식은 강만호나 손석진 정도를 제외하면 공산주의자에게 인간성을 부여해서는 안 된다는 재래의 금기에서 크게 벗어나지 못했다. 그러나 다른 한편, 〈최후의 증인〉에는 독보적인 진보성 혹은 성찰성이 있다. 이 영화는 열전(熱戰)의 가운데 배태된 비극의 씨앗이 냉전 기간 동안 자라나 종국적인 파국을 맞게 되는 과정을 때로는 차갑게, 때로는 뜨겁게 극화한다. 그리하여 분단 이후 열전과 냉전의 구도가 탄생시킨 군사정권, 그 왜곡된 체제 속에서 전 사회의 말단까지 잠식해 들어갔던 부패한 권력을 고발한다. 이전 어떤 영화도 하지 못한 과감한, 그리고 용기 있는 시도였다. 그리고 이 시도가 영화적 성취로까지 이어졌기에, 〈최후의 증인〉은 오늘날 비평가와 관객 모두에게 걸작으로 인정받을 수 있었다.

하드보일드와
로드무비가 만났을 때

〈최후의 증인〉은 살인사건을 쫓는 한 형사의 이야기다. 따라서 추리 서사의 형식을 띤다. 원작 역시 마찬가지였다. 원작은 1970년대 한국 추리소설의 부흥을 가져온 작품으로 일컬어지며, 1980년대까지 한국 추리소설 장르를 사실상 이끌어 가다시피 했던 김성종의 데뷔작이다. 영화 〈최후의 증인〉은 또한 풍경의 영화이자 여정의 영화이기도 하다(이는 원작 역시 그렇다). 영화의 상당 부분은 형사 오병호가 범죄 혹은 역사의 진실을 찾아다니는 여정에 할애된다. 그래서일까. 추위에 떨며 옷깃을 세우고 힘겹게 길을 걷는 오병호의 모습과 그를 둘러싼 황량한 한국의 풍경은 이 영화를 본 관객에게 쉽사리 떨쳐지지 않는 잔상으로 남는다. 그리고 추리 서사 혹은 하드보일드와 로드무비의 이러한 조우는 〈최후의 증인〉을 걸작으로 만든 요인 중 하나라 할 수 있다.

하드보일드
: 타락한 세상의 재현 양식

〈최후의 증인〉은 그 원작에서부터 추리소설임을 표방하고 있다. 그런데 추리소설을 포함한 범죄소설에도 여러 갈래가 있다. 예컨대 범죄소설에 나타난 범죄 유형을 중심으로 자본주의의 발전 과정을 추적한 에르네스트 만델Ernest Ezra Mandel의 분석에 따라 거칠게 분류하자면, 이성적 추리에 의존하는 초기의 탐정형 추리소설, 범죄 현장을 발로 탐색하는 하드보일드 유형, 대규모 조직범죄에 대응하기 위해 조직적인 지원을 받는 경찰 주인공의 범죄소설, 국가 차원의 범죄를 다루는 첩보물, 사업형 범죄물 등으로 구분할 수 있다.[43] 그 외에도 범죄물 장르와 계보는 매우 다양하여 일일이 거론할 수 없다. 〈최후의 증인〉은 뛰어난 두뇌를 가진 탐정 혹은 형사가 두뇌를 활용하여 사건을 해결하는 전통적인 탐정 추리소설이 아니라, 형사나 탐정이 집요하게 현장을 탐문하고 추적하여 사건을 해결하는 하드보일드 계열에 속한다. 전통 추리소설과 하드보일드의 차이에 대한 두 연구자의 언급을 살펴보자.

여러 비평가들이 공통적으로 종래의 탐정소설은 과학적 논리를 기반으로 사건을 해결하는 이성중심사고logocentricism의 전형이고, 결말에서 사건이 모두 해결되어 기존 질서가 회복되고 악이 패배하는 것을 보여 주는 반면, 하드보일드 탐정소설은 우리가 사는 세계는 이성적 사고만으로 설명될 수 없으며, 따라서 결말에서도 사건의 실마리는 풀리지만 권력과 부를 소유한 진짜 범죄자들은 처벌되지 않음으로써 암울하고 비관적인 세계관을 드러낸다고 말한다.[44]

하드보일드 추리소설에서 법과 권력은 사회 구성원의 안전과 평화를 수호하고 사회정의를 실현하는 국가기관이 아니라, 자본가와 결탁하여 노동계급과 하위계급을 탄압하는 정의롭지 못한 지배기구로 재현된다. 착취당하고 억압받는 사회적 약자가 기댈 수 있는 정의로운 권력은 존재하지 않는다.[45]

두 인용문은 〈최후의 증인〉이 드러내는 세계관적 혹은 주제적 특징을 명징하게 보여 준다. 형사 오병호는 처음에 하나의 살인사건의 해결을 위해 투입되지만, 그것은 이내 거대한 역사적 사건으로 확대된다. 현재 시점에서 역사를 바꿀 수 없다는 점에서, 근본적으로 현재의 인물은 무능할 수밖에 없다. 더 중요한 것은 그 거대한 역사적 사건이 현재까지 이어지며 비극의 연쇄를 일으킨다는 데 있다. 영화 속 범죄들은 그저 단순한 사건들이 아니다. 역사가 만들어 낸 거대한 구조 속에 얽힌 말단의 단면들이다. 그 역사가 이어진 현재, 그리고 현재가 만들어 낸 역사적 해석의 구조들, 그 구조가 만들어 낸 권력 앞에서 한 개인은 무능력할 수밖에 없다.

주인공 오병호는 끈질긴 수사로 문제 해결에 접근하나, 그럴수록 오히려 비극은 커진다. 그 좌절감은 오병호를 자살로 몰아간다. 영화사 연구자 박유희는 이를 법과 합리성이 무너진 세계에서 형사가 느끼는 무능함으로 요약한다.[46] 이 언급은 이 영화의 핵심을 포착하고 있다.

하드보일드 영화들 속 현실은 깔끔하게 재구성되지 않으며 불가해한 틈을 남긴다. 범죄의 추적자 역시 그 선악이 불명확하게 혼재된 세계의 일부이다. 하드보일드 소설들을 원작으로 하는 많은 미국영화들이 프랑스 비평가들에 의해 '필름 누아르(검은 영화)'라 이름 붙여진 것은 우연이 아닌 것이다. 그런데 〈최후의 증인〉은 하드보일드이되 누아르는 아니다. 물론 하드보일드가 곧 누아르일 수는 없고, 누아르가 곧 하드보일드일 수도 없다. 그러나 두 장르 혹은 키워드가 상당한 근친성을 가졌던 것은 사실이다. 누아르는 장르적으로 규정하기가 매우 까다롭다. 그럼에도 누아르적이라 할 때 가장 선명하게 떠오르는 소재와 이미지는 범죄, 탐정(혹은 형사), 밤의 도시, 콘트라스트가 강한 표현주의적 화면, 정체를 알 수 없는 여성(팜파탈femme fatale) 등이다. 〈최후의 증인〉은 범죄와 형사를 그리지만, 밤의 도시와 표현주의적 화면, 팜파탈을 가지고 있진 않다. 누아르와 차별되는 〈최후의 증인〉의 가장 큰 특징은 리얼리즘적인 외관look이다.

한편 하드보일드가 이성적 세계의 붕괴를 주제로 하더라도 기본적으로 범죄의 해결을 목표로 삼는 이상, 서사 구조 자체는 일정한 합리성에 기반할 수밖에 없다. 증인과 증거를 모아 가며 사건의 전모를 포착하는, 그리고 범죄자를 쫓는 추리의 과정을 포함하고 있기 때문이다. 이 말은 곧 전반적인 서사 구조가 경제적으로 질서 지워져 있다는 의미이기도 하다. 크게 보면 〈최후의 증인〉 역시 마찬가지다. 그런데 이 영화는 흥미롭게도 서사적 경제성에 포섭되지 않는 잉여의 순간들을 담고 있다. 그리고 앞서 언급한 리얼리즘적 외관과 서사적 잉여는 이 영화의 두 번째 특징인 로드무비적 성격으로부터 비롯된다.

로드무비
: 신체의 고단함을 전달하다

〈최후의 증인〉은 주인공의 물리적 동선을 공들여 담아내는 일종의 로드무비다. 원래 하드보일드라는 장르가 '발'로 현장을 수사하는 장르인 만큼 거리나 뒷골목이 주요한 배경이 되고, 탐정 혹은 형사는 수사 과정에서 많은 사람을 만난다. 그러나 탐정이나 형사의 이동은 다양한 사람들과 사건들을 표현하기 위한 것일 뿐, 동선 자체가 주요한 영화적 풍경을 지배하는 경우는 〈최후의 증인〉 이전 한국영화는 물론 해외 영화에서도 찾기 어렵다. 하드보일드 역시 범죄의 진상을 파헤친다는 추리 서사에 속해 있으므로 탐정의 동선 자체를 지나치게 시각화할 경우 범죄 서사가 느슨해져 버리기 때문이다.

〈최후의 증인〉의 로드무비적 성격은 원작에서 비롯된 바이기도 하다. 원작 소설 역시 주인공의 동선을 서술하는 데 상당한 공을 들인다. 그러나 원작이 주인공의 동선을 강조한다고 해서 영화도 그러해야 한다는 법은 없다. 특히 장편 두 권 분량의 원작 소설을 각색해야 하는, 즉 많은 설정과 인물들을 축소 혹은 삭제해야 할 필요가 있는 상황에서, 이 영화의 창작자들이 주인공의 여정 자체에 상당한 러닝타임을 할애하는 결정을 내리기는 쉽지 않았을 것이다. 그런 의미에서 이 영화가 로드무비의 성향을 강하게 띠게 된 것은 애초부터 이두용(과 시나리오 작가 윤삼육)의 창작적 결단의 결과라 하겠다.

물론 모든 로드무비가 리얼리즘적인 외관을 지닌 것은 아니다. 그러나 그 여정, 길, 행로를 중심으로 한 로드무비라면 아무래도 외부의 경관을 중시할 수밖에 없고 리얼리즘적인 외관을 가지게 된다. 특히 〈삼포가는 길〉**(이만희, 1975)**, 〈만다라〉,

〈고래사냥〉(배창호, 1984), 〈나그네는 길에서도 쉬지 않는다〉(이 장호, 1987) 등 이 시기 한국영화의 대표적 로드무비들은 풍경을 매우 중요시했다.

그와 관련하여, 인물들이 길을 떠나는 계절도 주목을 요한 다. 〈삼포가는 길〉을 비롯하여 〈고래사냥〉, 〈나그네는 길에서 도 쉬지 않는다〉, 〈만다라〉, 〈세상 밖으로〉에 이르기까지… 로 드무비의 대부분이 황량하고 을씨년스러운 겨울의 풍광들로 가득하다. 로드무비에 주로 제시되는 겨울의 풍경은 곧게 뻗 은 길을 잘 보여 주지 않는다. 산세는 가파르고 험하며, 눈에 덮인 벌판에는 길 자체가 사라진 모습이다. 황량한 산줄기와 바다가 태연하게 버티고 있는 그 길을 인물들은 걷고 또 걷는 다. … 눈이 쌓여 길조차 사라진 거친 재를 걸어서 넘어가는 풍 경이 상기시키는 것은 역사적 시간성이다. **전쟁과 피난 행렬, 그리고 분단의 기억이 지금 눈앞에 펼쳐지는 공간에서 우리가 느끼는 것은 시간의 물질성이다.** 이러한 모습의 풍경이 관광 지의 그것과 거리가 먼 것은 물론이다.[47] (강조는 필자)

영화사 연구자 오영숙은 1970~90년대 한국영화사의 주요 로드무비 영화들이 역사와 시간의 흔적을 물질적으로 드러낸 다고 보았다. 그것은 고난과 질곡의 역사라는 관념이 황량한 겨울의 풍경, 혹은 주인공들의 고행으로 대체되었다는 의미일 것이다. 〈최후의 증인〉 역시 그 연장에 있다. 늦가을에서 겨울로 이어지는 〈최후의 증인〉 속 오병호의 여정은 '가파르고 험한' 산세, '황량한 산줄기'를 배경이자 동선으로 한다. 그 동선은 신체적 고단함을 동반한다. 이는 원작에서도 마찬가지다. 예컨대 다음과 같은 원작의 문장을 보자.

> 옥천면은 풍산읍에서 20리쯤 떨어져 있었고, 하루에 두 번 내지 세 번씩 다니는 버스가 있는 모양이었다. 그러나 떠나려면 아직 두 시간이나 기다려야 했기 때문에 그는 걸어가기로 했다. 그는 초조해지는 마음을 달래기라도 하려는 듯이 아주 느릿느릿 걸어갔다. 그러나 옥천면에 닿았을 때는 그래도 힘이 들었던지 몸에서 땀이 났다.[48]

이 인용문은 20리(8킬로미터)에 이르는 오병호의 느릿한 걸음의 여정, 힘이 들고 땀이 나는 신체적 변화를 전달함으로써 그의 동선을 물질화 혹은 육체화한다. 영화는 이 과정을 시각을 통해 훨씬 더 직접적으로 전달한다. 이두용은 액션영화를 전문적으로 연출했던 감독이라서인지 신체의 움직임과 신호를 재현하는 데 재능이 있다. 중력을 거스르는 비정상적인 가벼움과 무거운 타격감을 전달해야 하는 액션영화의 신체를 재현하며 체득한 경지가 고통스러운 신체의 무거움을 구현하는 데까지 이르렀던 것일까? 국가나 공권력의 진공상태에서 나타나던 활력은, 그리하여 공권력이 저지른 비극의 역사를 목격해 나가는 한 형사를 짓누르는 중력적 무게로 전환된다.

2008년 출시된 DVD에 수록된 김영진 평론가와의 코멘터리에서 이두용은 이 영화를 대부분 순서대로 찍었고, 불을 질러야 하는 학교 외엔 세트를 거의 쓰지 않았다고 말한 바 있다. 그러다 보니 촬영 순서가 오병호의 동선을 따라갈 수밖에 없고, 오병호의 고난과 발견의 과정을 함께 찍어 갔던 것이다. 심지어 주연인 하명중은 감독과 촬영감독의 촬영지 헌팅에까지 참여했다고 한다.**49** 지금도 그렇지만, 특히 당대 한국영화의 제작 관행을 감안할 때 무척이나 예외적인 일이었다. 감독과 제작자만이 이 영화에 헌신적이었던 것은 아니었던 셈이다. 단순히 당시 권력을 비판하고 약자를 구원하려는 이 영화의 주제의식만이 아니라, 한 인간의 고단한 여정을 중력적 무게로 전환하여 감각의 물질성을 구현해 낸 것이야말로 이 영화의 본질적 가치이자, 당대적 표현을 빌리자면, 그 민중성을 보여 주는 강력한 증거라고 생각한다.

민중성과 관련하여 영화 속 오병호의 동선 중, 그가 손지혜를 만나기 위해 기차를 타고 가는 신은 의미심장하다. 오병호는 그의 말로 강만호가 충격을 받고 죽자 가책을 느끼고 수사

서울로 가는 기차 안에서 오병호는 돈을 벌기 위해 서울로 올라가는 초로의 노동
자와 술을 나눠 마신다.

를 중단하려 했으나, 상관의 회유에 계속 수사를 하기로 하고 손지혜를 만나러 서울로 가는 기차를 탄다. 괴로움에 술을 마시던 그는 앞자리 노동자의 부러워하는 눈길을 느끼고 술을 나눠 마신다. 그리고 월남에 참전한 아들을 잃고 돈을 벌러 서울로 올라가는 노동자의 사연이 이어진다. 전반적으로 경제적으로 구축된 서사에서 한참 벗어난 장면이고, 이 노동자는 전체 영화를 통틀어 주요 줄거리에서 벗어난 대사를 하는 거의 유일한 인물이다. 창작자의 의도가 분명하게 느껴지는 이 예외적인 장면은 상당히 큰 울림을 준다. 이 장면은 오병호의 동선이 어떤 인물을 만나도록 설계되어 있는지, 그리고 이 영화가 보호하고자 하는 인물들이 어떤 인물들인지를 상징적으로 보여 준다. 앞의 이두용의 언급을 빌리자면 "보편적인 한국인의 삶의 조건"을 공유하는 인물들인 것이다.

하드보일드+로드무비+@

앞서 언급했듯, 〈최후의 증인〉의 서사구조는 추리 서사의 경제성과 로드무비의 비경제적 동선이 혼착되어 있다. 즉, 특별한 사건 없이 오병호의 이동 자체를 보여 주는 장면들은 서사적 경제성의 바깥에 있다고 할 수 있다. 그런데 이 영화에서는 이 길의 장면들이 진실의 발견 과정, 혹은 추리 서사의 과정, 나아가 오병호의 정신적·감정적 변화 과정과 붙어 있어 따로 떼어 낼 수가 없다. 그리하여 〈최후의 증인〉은 다양한 증인들과의 만남과 사건들을 통해 범죄의 진실을 발견해 가는 서사적 구심력과 로드무비가 본원적으로 가지는 원심력이 공존하는 매우 독특한 영화가 되어 버린다. 그래서 이 영화는 긴박하면서도 이완되어 있고, 장르적이면서도 사색적인 기묘한 톤 앤 매너를 보여 준다.

나아가 이 영화의 매력은 두 장르에 타 장르의 컨벤션이 개입되면서 영화의 서사와 이미지의 질서가 풍부해지고, 그 의미가 증폭된다는 데 있다. 빨치산과 토벌군이 불타오르는 학교 건물을 배경으로 교전하는, 장엄하게 연출된 인상적인 전쟁영화적 액션신을 예로 들 수도 있겠으나, 여기서 설명하고자 하는 취지와는 다소 거리가 있다. 보다 적합한 사례로는 영화의 후반부, 오병호가 태영이 머물렀던 백정의 물레방앗간을 발견하고 들어가는 장면을 들 수 있다. 이 시퀀스의 초반부는 거의 1분 40초에 가까운 오병호의 고된 여정을 보여 준다. 비바람을 뚫고 진흙에 발이 빠져 가며 추위 속에서 걷느라 정신과 육체가 소모된 오병호가 바람을 피해 물레방앗간에 들어섰을 때, 그는 (그리고 관객은) 귀를 아프게 할 정도로 괴로운 고음역대의 비명을 듣고 그 직후 칼을 든 피투성이 인물을 발견한다. 호러,

그중에서도 전형적인 슬래셔 호러 분위기의 연출로 관객을 놀래키는 장면이다. 그러나 곧바로 이 인물은 밀도살로 삶을 영위하는 나름 순박한 인물로, 그 비명은 도살된 가축이 내지른 소리였음이 밝혀진다. 그리고 그는 살인사건의 범인 태영에 대한 결정적인 정보를 준다. 로드무비-호러-하드보일드의 설정이 절묘하게 얽힌 시퀀스다.

이 호러적 장면은 왜 삽입된 것일까? 그저 관객을 긴장시키고 놀래키려는 장치일까? 아니면 톤의 변형을 주기 위한 감독의 잔재주일까? 우리는 이 장면 이전에 지나치게 길게 들어간, 심지어 과장된 연출이라 느낄 정도의 오병호의 고된 여정을 본 상태이다. 이 신체적 고됨이 오병호의 정신적 고됨과 겹치는 것이라면, 우리는 이 장면이 오병호의 불안정한 심리가 만들어 낸 심상의 결과임을 짐작할 수 있다. 이 시퀀스는 단순히 그 순간 오병호의 심리적 불안과 육체적 고통을 드러내는 것에 그치지 않는다. 그 최종적 의미는 엔딩, 즉 오병호의 자살에 가서야 완성된다.

영화 전체를 통틀어 오병호의 자살이라는 결말을 관객에게 납득시키는 일은 감독에게 상당히 큰 과제였을 것이다(실제로 이두용은 결말 장면을 찍는 순간까지 대안을 고민했다고 밝힌 바 있다). 원작에서는 오병호가 황바우와 손지혜의 비극적 운명에 공감하고, 그들을 비극으로 몰아넣은 인물과 사회에 분노하고

2장 | 〈최후의 증인〉: 시대의 한계를 넘어서다

로드무비-호러-하드보일드 시퀀스 (S#186_방앗간 안)

귀를 찢는 비명 소리를 듣고 방앗간 안을 노려보는 오병호.

피 묻은 손으로 칼을 든 채 판술이 다가온다.

오해를 풀고 나란히 불을 쬐며 앉아 중요한 이야기를 듣게 된다.

좌절하는 심리적 과정이 텍스트로 묘사될 수 있었다. 그러나 내레이션을 거의 쓰지 않은 이 영화에서 그 과정은 오병호를 둘러싼 내외적 상황과 오병호의 반응으로 표현될 수밖에 없다. 영화의 로드무비적 설정은 오병호의 정신적 고통을 육체의 고통으로 외화하여 관객에게 전달하는 기제이기도 하다.

이두용이 결말을 정당화하기 위해 고안한 것으로 보이는 또 다른 설정(혹은 신)이 있다. 영화의 중후반부, 표현주의적으로 재현된, 여관에서 오병호가 고통에 신음하는 장면이다. 오병호는 한동주의 동생 한봉주 일당에게 폭행을 당하다 권총을 발사하여 한봉주를 죽이고, 부상을 입은 채 살인 혐의로 쫓기는 상황이다. 숨어든 여관방에서 오병호는 신체적 고통과 정신적 괴로움에 어머니를 부르짖는다. 조명에서부터 연기, 미장센에 이르기까지 표현주의적으로 조형된 이 장면은 전반적인 영화적 톤과 아예 달라 눈에 띄지 않을 수 없다.

이 두 설정은 오병호의 정신적·육체적 붕괴의 순간을 관객에게 전시하고자 하는 감독의 연출적 의도를 숨김없이 드러낸다. 생각해 보면 이 설정들은 단순히 오병호의 자살을 정당화하는 일종의 서사적 기예를 넘어선다. 오병호가 동료 인간으로서 황바우와 손지혜가 겪었던 고통을 함께 겪고, 그들과 같은 입장에 서게 되는, 최종적으로는 그가 대리하는 고통을 관객에게 전달하는 역할을 한다고 볼 수 있다. 요컨대 이 설정들,

나아가 영화 전반의 형식 구조와 미학적 표현 기제들은 하나의 메시지로 정향되어 있다. 그것은 이후에서 논의될 "인간보호"라는 이두용 감독이 필사적으로 제기하는 주제와 관련이 있다.

원작과 영화,
판본 비교

이 영화의 원작 《최후의 증인》은 1974년 한국일보가 창간 20주년 기념으로 상금 200만 원을 내걸고 모집한 장편소설 공모에 만장일치로 당선된 작품이다. 추리소설을 특정하여 모집한 것이 아니었고, 심사자들 역시 순수문학계의 유명인들이라, 불이익을 우려한 김성종은 출품 시 추리소설이라 표시하지 않았다고 한다.[50] 영화는 큰 변형이 없다고 할 정도로 원작의 얼개를 따라간다. 원작자인 김성종이 "원작에 충실하게 만든 것이 정말 감동적이었다"라고 할 정도였다.[51] 그러니 이 영화가 가지는 창작성의 상당 부분은 원작에 빚지고 있다고 해도 과언이 아닐 것이다.

그러나 이는 역설적으로 영화의 각색과 연출이 얼마나 훌륭했는지를 보여 준다. 단행본 두 권 분량의 초장편소설을, 원작의 취지와 서사 개요를 살린 채 완성도를 유지하며 2~3시간

짜리 영화로 만드는 것은 매우 어려운 과제이기 때문이다. 특히 김성종은 이 소설이 장르소설로서가 아니라 순수문학과 경쟁하여 인정받기를 원했기 때문에 주인공의 내적 추론과 감상이 통상적인 범죄소설에 비해서도 많은 편이다. 영화에서 이를 살릴 수 있는 가장 편의적인 방식은 내레이션이다. 특히 이와 같이 긴 연대를 가진 복잡한 사건을 요령 있게 관객에게 전달하기 위해서는 더욱 고려해 볼 수 있는 장치다. 그러나 이 영화는 그러한 편의적인 길을 가지 않으면서도 원작의 성취를 성공적으로 계승했고, 동시에 영화 자체의 표현성 역시 극대화한, 걸작이라 부르기에 손색이 없는 작품으로 완성되었다.

영화 〈최후의 증인〉은 다양한 버전을 거치며 변형되었다. 현재 확인 가능한 버전들은 다음과 같다. 저본이라 할 수 있는 원작, 1980년 2월 영화제작 신고 당시 시나리오 검열용으로 제출된 대본(이하 1차 대본), 1980년 9월 1차 본편 검열 당시 제출된 대본(이하 본편 대본), 공윤과 대검 검열 지시에 따라 삭제 후 완성된 원본 영화(검열로 158분에서 4분이 단축되었는데, 이 4분을 제외하면 본편 대본과 내용이 같다), 그리고 기존 158분에서 38분이 축약된, 제작사가 재편집한(검열로 인한 것이건, 제작사의 자의로 인한 것이건) 120분 판본 등이다. 축약본이 당시 대중을 만났던 개봉 버전이라 할 수 있고, 2006년 영상자료원이 발굴하여 공개한 버전이 1차 검열본이다. 여기서는 이 판본들 중 원작, 1차 대본, 그리고 본편 대본(사실상 복원판 영화) 이 세 가지 판본을 비교해 보고자 한다. 제작사의 재편집본에 대해서는 검열과 관련된 다음 장에서 별도로 살펴볼 것이다.

세 가지 판본 비교

이 영화의 원작이 단행본 두 권에 이르는 방대한 분량인 데다, 대본과 영화화 과정에서 원작을 거의 따랐음을 감안할 때, 원작에 없는 내용이 추가되었거나 원작의 내용이 크게 변형된 경우는 드물다. 즉, 축소되거나 생략된 경우가 대부분이다. **표1**은 세 개의 버전 중 중요한 변화 요소들을 간략하게 요약 정리한 것이다.

우선 밝혀 둘 점은 1차 대본과 본편 대본의 길이 차이가 꽤 난다는 사실이다. 전체적으로 1차 대본은 표지 포함 240쪽 분량, 본편 대본은 168쪽 분량이다. 그런데 대사의 길이와 한 페이지에 포함된 대사량 역시 1차 대본 쪽이 훨씬 많아, 추정컨대 1차 대본의 총 길이가 본편 대본의 거의 두 배에 가깝다. 이를 통해 1차 대본이 원작과 더 가깝고, 본편 대본은 1차 대본에서 덜어 낸 버전이라 추정할 수 있다. 그럼에도 불구하고 본편 대본에는 1차 대본에 없는 설정이 제법 등장한다. 1차 대본이 온전히 시나리오 작가의 작품이라면, 아마도 본편은 감독인 이두용의 각색 혹은 현장에서의 판단이 상당 부분 포함된 변형이라 볼 수 있을 것이다. 그런 면에서 1차 대본과 본편 대본의 차이를 주요하게 살펴볼 필요가 있다. 주요한 차이들은 대략 다음과 같다.

① 가장 눈에 띄는, 그리고 의미심장한 차이점은 원작과 1차 대본에서는 태영의 범행을 사주한 한동주가 간첩으로 밝혀지는 데 반해, 영화에서는 간첩이 아니라는 것이다. 원작의 설정을 바꾼 드문 사례이다. 이는 영화가 반공적인 메시지로 끝나기를 바라지 않은, 그래서 당대 사회와 공권력에 대한 비판에 초점을 두고자 했던 이두용의 의도가 작용한 결과가 아닐까 한다.

② 1차 대본과 본편 대본에서 강만호의 회상으로 전개되는 전쟁기 공비 부분이 상당 부분 축소되었다. 1차 대본에서는 45신부터 123신까지 79개의 신으로 구성되었으나, 본편 검열 대본은 37신에서 77신까지 41개 신에 불과하다. 그마저도 대사들이 상당 부분 생략되어 러닝타임 기준으로는 훨씬 짧다고 할 수 있다. 원작과 1차 대본에서 빨치산들은 사령부 폭격 이후 토굴로 피신했다가 다시

학교 마루 밑으로 피신하는데, 본편 대본에서는 토굴에서의 사건들이 사라졌다. 긴 대본을 영화 러닝타임에 맞춰 축소하는 과정에서 일어난 자연스러운 삭제로 볼 수도 있으나, 그 결과 전쟁보다는 전쟁 이후 당대까지의 사건에 상대적으로 긴 러닝타임이 할애되었다. 이는 ① 의 연장선상에서, 이두용이 전쟁기의 남북 대립보다 전쟁 이후의 상황, 즉 남한 사회와 공권력의 부패에 집중하려 했다는 해석이 가능하다.

③ 원작에는 김중엽과 같은 노골적인 악한 외에도 상당수의 공무원들이 부패하고, 뇌물 없이는 움직이지 않는 것으로 묘사된다. 이는 상대적으로 표현의 영역이 넓었던 문학 장르였기에 가능했던 것으로, 대중매체인 영화에서는 당시까지 공무원들의 무능과 부패를 그리는 것은 금기시되었다. 그래서인지 1차 대본에서 해당 내용들은 대부분 포함되지 않았다. 그런데 본편 대본에서 이두용은 관련 내용을 대부분 다시 살렸다. 이 중 일부는 공윤과 대검의 검열을 거치며 삭제됐고, 일부는 살아남았다 (120분 버전에서는 대부분 삭제됨). 관련하여 원작과 의미심장하게 달라지는 부분이 있다. 원작 속 검사인 김중엽은 그 과정이 어떠했건 결론적으로 손지혜를 성폭행하지

않았으나, 영화에서는 성폭력 정황이 비교적 명확하게 제시되었다(직접적으로 암시되는 장면들은 공윤 검열에서 삭제됨).

④ 역으로 공권력의 양심을 보여 주는 고위 공무원 설정은 삭제되었다. 예컨대 조해옥의 부친인 현직 대법원 판사 조중현은 과거 황바우에게 무기징역 판결을 내린 판사였으나, 이 사건의 내막을 알고 반성하는 양심적인 인물이다. 또한, 김중엽의 아들 김윤섭은 아버지와 달리 아버지의 악행을 혐오하는 양심적인 검사로 설정되어 있다. 특히 조중현의 설정이 삭제되면서 조해옥의 비중 역시 줄어들게 된다.

⑤ 원작과 1차 대본에서 상당한 비중을 차지했던 신문사 간의 갈등이 본편 대본에서는 삭제되고, 주인공을 돕는 엄 기자 정도만 살아남았다. 이 부분에 대해서는 좀 더 자세히 살펴볼 필요가 있다.

[표 1] 〈최후의 증인〉 버전 비교 요약

	원작	1차 대본	본편 대본(본편 영화)
황산우체국-강만호의 아들 강찬세와의 만남	있음	없음	있음(#34)
공비가 피한 토굴에서의 사건들	있음	있음	없음
강만호를 오병호가 병원으로 옮기고, 강만호가 죽는 장면	있음	없음	있음(#79~82)
손지혜를 찾아가는 기차 안에서 오병호가 노동자와 술 마시는 장면	있음	없음	있음(#87)
오병호가 손지혜의 서울 거처를 알게 되는 계기	손지혜의 딸 묘련(루시아)을 통해	좌동	김 서장이 알아봐 줌. 묘련은 자살한 설정
김중엽의 손지혜 성폭행	결국 하지 않음	하는 것으로 설정(#184)	하는 것으로 설정 (일부 장면 검열)(#102)
오병호와 조해옥의 성관계	없음	있음(#156)	없음
김 서장의 처남 노순경이 오병호에게 수사비를 전달하는 장면	있음	없음	원작보다 길게 서술. 노순경이 오병호에 존경심을 표하는 설정은 원작에 없음(#154)
황바우 공판 기록 열람 과정에서 광주지방법원 직원과의 실랑이, 금품 공여	있음	실랑이와 뇌물 없이 바로 열람 협조(#127)	있음(검열 삭제)(#157)
담당 직원이 없어 협조를 못해 주겠다는 목포교도소 직원과의 실랑이 장면	있음	목포교도소 장면 자체가 없음	있음(대검 검열 삭제)(#167)
S신문(영신일보)와 Y신문(한성신문)의 전쟁	있음	있음	없음
김중엽의 아들 김윤배 검사, 조해옥의 아버지 조중현 판사의 양심적인 행위	있음	있음	없음
한동주의 정체	간첩	간첩	간첩 아님

〈최후의 증인〉 시나리오 표지.

씬 27	안방
	(의아한 표정으로 마주앉은 사십대의 양종태.
	아랫목에 누워있다가 간신히 몸을 일으키는 본처 이부순)
오 병 호	봉의의 변을 당해서 충격이 컸겠읍니다
이 부 순	예이구... 전생에 내가 무신 죄를 지었기에...
양 종 태	경찰에서는 아직도 범인을 못잡았읍니까?
오 병 호	네 그래서 우선 근본적으로 양달수씨 와 그의 와 가족 간에에서부터
	다시 조사를 하려고 말입니다
양 종 태	...
	(무언가 기분 언짢은 기색)
오 병 호	부친께서는 언제 여기를 떠나 문창으로 가셨는가요?
양 종 태	그게 그렇께... 한 이십년 남짓 되지요
오 병 호	왜 여기를 떠나셨나요?
이 부 순	아 기집헌티 미쳐갖고 갔지요 딸같은 기집헌티 미쳐서...
	그런 양반이 제명에 살겄오?
양 종 태	(벌컥) 엄니는 가만 좀 계시오 내가 말할팅께
오 병 호	그럼 소실되는 손지혜란 여자는 여기서 만난 사이였읍니까?
양 종 태	그런가 봅니다
오 병 호	어떻게 알았읍니까?
양 종 태	모르겠읍니다
	(말하기도 싫다는 표정)
오 병 호	그러구나서 이십년동안 한번도 이곳에 오지 않았읍니까?
양 종 태	가끔 돈을 보내 주셨읍니다
오 병 호	왜 한번도 이곳에 오질 않았을까요?
이 부 순	아 기집년 헌티 미쳤은께 그렇지요
양 종 태	(버럭) 엄니는 가만 있으랑께요
	(무언가 숨기는것 같은 기색)
	김—21

1차 대본의 S#27 (죽은 양달수의 집) 안방 장면.

씬 21		안 방 안
1		(들어서는 오병호)
2	오병호	불의의 변을 당하셔서 충격이 크셨겠읍니다
3	이북순	아이고 전생에 내가 무슨 죄를 지었기에 놀록...
4	양종태	경찰에서는 아직도 범인을 못잡았는가요 ?
	오병호	네 그래서 근본적으로 양달수씨의 과거와 가족관
		계를 다시 조사해 보려고 여길 온겁니다
5	이북순	아이고 조사는 뭔놈의 조사여 범인도 아직 못잡은
		주제에 ....
	양종태	대체 뭘 알려고 그러시는가요 ?
10	오병호	문창에서 고인의 재산이랑 유품들을 갖고 오셨다는
		데 그 유품을 좀 보여주십시요
11	이북순	유품이라야 뭐 별거 있간디요 내가 싸사 내다
		버렸어요 없어라우
12	오병호	아무거나 좀 봅시다
	이북순	아이구 이녀석아 그간놈 읙건 뭣땜시 보여줘
13		(종태 어머니의 눈치보며 일어난다)
14		(유품 보따리를 받아든 오병호)

인 —11

본편 대본의 S#21 (죽은 양달수의 집) 안방 장면.

왜 구조적 부패를 삭제했을까?

원작과 1차 대본의 후반부 서사는 오병호 홀로 이끌어 가지 않는다. 죽은 김중엽 검사의 가문은 당시 부상하는 신흥 신문사를 보유하고 있는데(1차 대본에서 한성신문, 원작에서 Y신문사), 이들은 가문의 치부를 감추기 위해 경찰 수뇌부를 매수하고, 오병호의 친구 엄 기자가 속한 신문사로서 진실을 밝히고자 하는 영신일보(1차 대본 명칭, 원작은 S신문사)를 공격하며, 오병호를 압박한다. 이에 오병호와 영신일보가 응전하며, 사건은 여론전이자 언론사 간의 전쟁이 되어 간다. 이 과정을 통해 당시 언론사와 권력기관의 공모와 부패 구조가 드러나고, 이야기가 커진다. 원작의 후반부는 언론사들 간의 전쟁, 그리고 한성신문사에 매수당한 경찰 상부 권력자들의 압박 속에서 오병호가 고군분투하는 내용으로 구성되어 있다. 그런데 영화에서는 신문사 간의 갈등과 언론과 권력의 커넥션이라는 구조적 문제는 사라지고, 조력자 엄 기자만 남았다.

이런 질문을 할 수 있을지도 모른다. 이두용은 왜 거대 사회세력의 부패, 즉 구조적 부패를 삭제했는가? 왜 구조에 대한 거시적 질문 대신 소소한 뇌물이나 받는 공무원들의 부패한 모습이 강조되는가? 긴 원작과 대본을 축약하는 데서 나타난 어쩔 수 없는 기술적 선택인가, 아니면 거시적 구조를 보지 못하거나 보지 않으려는 이두용의 한계인가? 그것도 아니면 당시 언론계의 압박이 있었거나, 그 가능성을 걱정한 감독 혹은 제작사의 어쩔 수 없는 선택일까? 이두용 감독이 타계한 상황에서 이 질문에 대한 명확한 답을 구하기는 어렵다.

다만, 이두용 감독이 본디 거시적인 이야기를 싫어하고, 인간의 구체적인 이야기를 담아내고자 하는 지향이 있었다는 점을 강조할 필요는 있겠다. 그는 많은 종류의 영화를 만들었지만, 국가와 국가 간의 갈등, 이념과 이념 간의 갈등을 거시적으로 다루지 않는 경향이 있다. 이 구조를 없는 것으로 치부하는 것은 아니다. 다만, 구조 그 자체보다는 구조 속에서 살아가는 개인, 혹은 소규모 공동체에 더 초점을 맞추고, 그 구조가 개인과 공동체에 가하는 (주로 억압적) 효과를 강조함으로써 그 본질을 관객이 능동적으로 사유하도록 만든다. 소박하다면 소박하다 하겠으나, 어쩌면 이것이 이두용 영화의 힘이다.

〈최후의 증인〉은 이두용의 영화 세계에서 몇 안 되는 예외적인 대작이다. 그러나 이두용은 대작에서도 무리하게 욕심을 내지 않고 각 개인의 삶의 조건들, 동선들, 감정들을 세세하게 살피며 차분하고 성실하게 신scene들을 쌓아 나간다. 그래서 〈최후의 증인〉은 걸작이기도 하지만 노작(勞作)이기도 하다. 요컨대 언론사 간의 전쟁이 최종 영화판에서 제외된 것은, 세력과 세력 간의 갈등으로 스토리가 집중될 경우에 캐릭터 개개인이 겪는 현실적 고통과 고뇌가 약화되고, 그것이 관객에게 제대로 전달되지 못할 것을 우려한 창작적 결단의 결과가 아니었을까.

검열이라는 스캔들

2000년대 이후 영화인들이나 영화 팬들에게, 약 38분 분량에 달하는 〈최후의 증인〉 검열 삭제 사건은 상영 불가 조치를 당했던 〈휴일〉(이만희, 1968)의 사례와 함께 군사정권기에 자행된 대표적인 검열 사건으로 각인되었고, 이와 관련된 담론을 새삼스럽게 촉발시키는 계기가 되었다. 그 배경에는 한국영상자료원의 발굴 노력이 있었다. 두 작품은 영상자료원 작업을 통해 38년(〈휴일〉), 26년(〈최후의 증인〉)이라는 시간을 거슬러 그 진면목을 드러냈고, 후대의 관객과 영화인들은 이 작품들을 통해 그간 옛이야기처럼 떠돌던 군사정권 검열의 실상을 목도할 수 있게 되었다. 작고한 이만희 감독과 달리, 본인의 생생한 목소리로 검열의 실상을 전달했던 이두용 감독의 증언은 특히 파급력이 컸다.

〈최후의 증인〉이 검열에서 잘려 나간 이유는 뭔가요?

6·25 전쟁의 후유증을 배경으로 한 영화인데 동족 간의 이념을 다룬 영화가 아니에요. 한 순진무구한 사람이 권력자들한테 모함을 당해서 일생을 감옥에서 보내는, 그리고 전쟁 때문에 일생이 마모되어 가는 과정이 한 수사관이 수사를 하면서 드러나는 영화인데 이두용 감독 사상이 수상하다고 누가 청와대에 투고를 했어요.

옛날에는 영화를 만들 때 금기가 있었어요. 이념을 다룬 것은 물론 안 되고 공무원 부패를 다룬 것도 안 되고, 아주 많았어요. 그런 게 다 걸렸었나 봐요. 그러니 모조리 잘려 버리니까 영화가 절름발이가 된 거죠. 그래서 개봉 날 영화를 보다가 뛰쳐나왔어요. 나와서 시간표를 보니까 그 영화가 2시간 40분짜리인데 1시간 40분으로 돼 있더라고요.[52](강조는 필자)

2008년 1월, 서울아트시네마가 개최한 '시네마테크와 친구들 영화제' 이두용 회고전 기간에 이루어진 인터뷰 내용이다. 이 회고전은 〈최후의 증인〉 완전판 발굴을 계기로, 작가로서 한동안 잊혔던 이두용 감독의 한국영화사적 위치를 재확인하는 중요한 기회였다. 이두용은 이 과정에서, 그리고 이후 반복된 인터뷰와 증언을 통해 신군부 검열의 대표적 희생자로 자리매김

했다. 그런데 여기서 반전이 일어났다. 이두용의 증언과는 다른 맥락의 검열 행정 서류가 영상자료원을 통해 공개된 것이다.

〈최후의 증인〉의 검열 과정

〈최후의 증인〉 복원판이 영화계에 알려지기 시작한 2000년 대 후반, 한국영상자료원은 이후 영화사 연구와 재구축에 새로운 방향성을 제시한 핵심 자료에 대한 내부 연구를 진행하고 있었다. 영화 및 대중문화 검열 기관인 공연물진흥협의회 (공연윤리위원회의 후신)로부터 1990년대 말에 기증받은 1만여 건에 달하는 한국영화 및 외국영화 검열 서류가 그 대상이었다. 1950년대 후반부터 90년대 후반에 이르는 기간 동안 한국영화의 제작 과정과 외국영화의 수입 과정 전반을 담은 이 서류들은 영화당 적게는 10여 쪽, 많게는 200쪽이 넘는 방대한 양의 정보를 수록하고 있었다. 그야말로 당대 한국영화 검열과 정책의 흐름을 조망할 수 있는 보고(寶庫)였다. 이 자료들은 디지털화 과정을 거쳐 2010년대 초부터 대중에 공개되기 시작했다. 그 가운데 〈최후의 증인〉 검열 서류가 포함되어 있었다.

한국영상자료원에 보존된 〈최후의 증인〉 검열 서류에는 1980년 2월 제작 신고(대본 심의) 과정에서부터, 이후 자세히

세 경 흥 업 주 식 회 사

문화공보부
민 원 서 류
처리기한: 1980. 11. 10
1980. 11. 9.

세 경   제8057호
수 신   문화공보부장관
참 조   예술과장
제 목   극영화 재검열 신청

　　1. 예술 1724-14230('80. 9. 17)의 관련사항임.
　　2. 폐사에서 제작하여 검열을 필한 극영화 "최후의증인"
을 폐사의 직접, 간접적인 불가피한 사정으로 인하여 별첨
자진삭제 작업표와 같이 그 내용을 재편집하였으므로 재검
열을 신청하오니 수락하여 주시기 바랍니다.

종전 상영시간	자진삭제 시간	조정후 상영시간
158 분	38 분	120 분

유 첨   가) 자진삭제 작업표 1부.
　　　　　나) 수입인지 1부.
　　　　　다) 영화검열 합격증 6부. 끝.

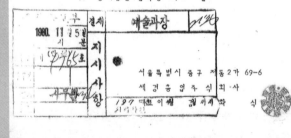

결재 예술과장
1980. 11. 25
지
시
사
항

서울특별시 중구 저동2가 69-6
세 경 흥 업 주 식 회 사

〈최후의 증인〉 제작사에서 문화공보부에 보낸 공문. 이 서류에 따르면, 세경흥업
주식회사는 영화의 38분 분량을 '자진 삭제' 후 재검열을 신청했다.

설명할 1980년 11월의 본편 재검열에 이르는 과정이 130쪽의 방대한 분량으로 담겨 있다. 이 서류를 바탕으로 〈최후의 증인〉 검열 과정을 정리해 보면 다음과 같다.

① 대본 심의: 〈최후의 증인〉은 1980년 2월 12일 제작신고가 접수되어 2월 19일에 대본에 대한 심의가 이루어졌다.[53] 심의를 맡았던 공윤은 빨치산의 손지혜 추행 장면 등을 포함 7개 장면에 대해 수정 혹은 삭제 판정을 하였고, 문공부는 이와 같은 제한 사항을 반영하여 제작사에 수정 사항을 통보하였다.

② 본편 검열: 본편 영화 필름에 대한 검열은 제작이 완료된 후인 1980년 9월 16일에 이루어졌다. 당시 공윤은 '공비들이 지혜를 윤간하는 장면', '검사의 책상 위에 지폐 뭉치를 건네주는 금전 수수 장면', '검사가 피의자의 가족(지혜)을 추행하는 부도덕한 장면', '법원 직원이 공판 기록을 열람코자 하는 수사관에게 뇌물을 강요하여 수수하는 화장실 장면' 등 총 4개 화면을 삭제할 필요가 있음을 문공부에 통보하였고,[54] 문공부는 9월 18일 이 내용을 삭제토록 한 후 상영 허가(본편 검열 합격)를 통보한다. 상영 허가 서류상의 총 상영시간은 158분이었는데, 이는

제한 사항이 반영되기 전의 시간이었다.

③ 대검찰청의 실사: 1980년 10월 8일에는 대검찰청 부장 검사의 요청에 따라 검찰청의 실사가 이루어졌다. 검찰이 수사 이외의 목적으로 사전검열에 개입한 것은 전례를 찾기 어려운 이례적인 일이다. 이 영화에서 검사가 부정적으로 그려진 것에 대한 대응이었다. 검찰청은 실사이후 검찰 혹은 교도관과 관련된 대사 및 장면 각 2개처(총 4개처)에 대한 삭제를 요청했고, 문공부는 이 요청을 받아들였다.* 결론적으로 공윤과 대검찰청의 제한 사항이 각 4개처로, 총 8개처의 제한이 가해진 셈이다.

④ 제작사 요청에 의한 재검열: 그런데 1980년 11월 10일 제작사는 돌연 문공부에 재검열을 신청한다. 신청서에는 "폐사에서 제작하여 검열을 필한 극영화 〈최후의 증인〉을 폐사의 직접, 간접적인 불가피한 사정으로 인하여 별첨 자진 삭제, 작업표와 같이 그 내용을 재편집하였으므로 재검열을 신청"한다고 되어 있다. 상영시간은 종전

---

* 그런데 이에 대한 검열 기록은 공식적인 서류에 남지 않았다. 이는 재검열 이후 문공부 담당자가 작성한 것으로 보이는 '〈최후의 증인〉 제작 경위'라는 서류에 남아 있다.

158분에서 무려 38분이 삭제된 120분으로 줄어 있었다.[55] 이 "불가피한 사유"의 정체는 문공부가 공윤에 보낸 검열 심의 의뢰서에 나타나는데, 이 서류에 의하면 "상영시간이 길어 극장 상영 배정이 곤란"하다는 것이었다.[56] 재검열 결과, 이 영화는 제작사가 제출한 최종 120분으로 확정되었고, 11월 15일 개봉하게 된다.

서류에 따르면, 〈최후의 증인〉이 종국적으로 이두용 감독의 회상처럼 90분이나 100분까지는 아니라도 120분으로 대폭 삭제된 것은 분명하나, 그 이유는 감독 본인의 주장과 달리 국가권력에 의해서가 아니라 제작사의 상업적인 동기에서 비롯되었다는 것이다. 그렇다면 이 서류를 신뢰할 수 있을까? 당대 많은 행정 서류들이 의사결정의 막후 과정을 감추고 결과만을 보여 주거나, 심지어 소위 '가라'(거짓)로 만들어지기도 했다는 점을 염두에 둘 때, 100퍼센트 신뢰할 수는 없다. 예컨대 감독의 증언과 같이 국가권력(청와대나 검찰 당국)이 이 영화를 못마땅하게 판단했고, 상영 허가를 철회하거나 강하게 검열할 경우에 발생할 수 있는 사회적 물의를 감안하여 제작사의 자진 삭제를 압박했다는 추정이 불가능한 것은 아니다. 그렇다면 과연 진실은 무엇일까?

"자진 삭제" 38분 분량 검토

〈최후의 증인〉에서 38분 분량이 삭제된 사실과 관련하여, 필자는 검열 서류를 토대로 제작사가 자의로 삭제했을 가능성을 제기한 바 있다.[57] 이에 대해 한 연구자는 "자진" 삭제된 상당 분량이 기존 검열에서 지적된 문제의식의 연장선상에 있다고 분석하며, 외압에 의한 삭제가 주를 이루며 일부 장면만이 상영시간 단축을 위해 추가 삭제되었을 가능성이 더 높다고 주장하였다.[58] 어느 쪽 주장이 맞는지 가리기는 어렵다. 당시 검열 기관과 직접 소통했던 제작 관계자나 외압 당사자만이 진실을 알고 있을 것이나, 이제 와서 그 증언을 듣기도 어렵거니와 그것을 신뢰할 수도 없을 것이기 때문이다. 혹은 순수한 외압이나 순수한 자의가 아니라, 두 동기가 결합되어 38분 분량의 대규모 삭제라는 결과가 나타났을 수도 있다. 그러니까 구분하자면 다음과 같은 가능성들이 있을 수 있다. ① 순수한 외압에 의한 삭제. ② 외압이 주가 된 상태에서 부분적으로 추가 삭제. ③ 외압이 없지는 않았으나, 제작사의 자체 필요가 주가 된 삭제. ④ 순수한 제작사 자의에 의한 삭제.

그 최종적인 진실을 밝히기는 어렵다 하더라도, 이 38분 분량의 삭제 내용을 분석하고 이를 통해 제작사의 재검열 신청 동기를 이해하는 것은 이 영화뿐 아니라 당대 한국영화의 검열

관행, 검열의 역관계 등을 이해하고, 나아가 한국영화 검열사를 재구성하기 위해서 꽤 중요한 작업이라 생각한다.

우선 **표 2**를 살펴보자. 이 표는 검열 서류에 첨부된 제작사의 38분 분량의 72개 재편집 항목에 필자가 세부 내용을 추가하고 자진 삭제와 검열 사항 등을 구분한 것이다. ■은 본편 최초 검열 당시에 문공부가 검열한 4개처이다. ■은 10월 8일 대검이 재검열한 4개처이다. 여기까지는 분명하다. 문제는 ▨이다. 현재 남아 있는 154분 판본에 없는, 말하자면 원본 필름인 네거티브필름에도 없는 장면들이다. ▨ 분량은 서류상 자진 삭제로 되어 있다. 그러나 그 내용상, 검열에서 지적받은 부분을 삭제하면서 신의 연결을 매끄럽게 하기 위해 다소 확장해서 삭제한 부분이 포함되어 있는 듯하다. 그 부분이 세 곳(S#83, S#98~99, S#155~156)이다. 그리고 어떤 이유에서인지 관련성이 없는 곳이 두 곳(S#158, S#210~212) 포함되어 있다. 원래 검열 신청한 분량이 158분이고, 현재 남아 있는 분량이 154분가량임을 감안할 때 ■, ■, ▨을 합쳐서 대략 4분 정도 되니, 하늘색 부분을 서류대로 자진 삭제라 분류하더라도 2분이 채 되지 않을 것으로 추정된다. 그리고 나머지 34분 정도가 흰색에 해당하는 부분이라 할 수 있는데, 순수한 의미의 자진 삭제에 해당한다. 현재 남아 있는 154분 분량을 신별로 나누어 러닝타임을 계산해 보면 대략 32분 40초 정도인데, 나머지 1분 20초는

[표 2] 〈최후의 증인〉의 삭제 장면 38분 (자진 및 검열 삭제 총 72개처)[※]

번호	S#	신 구분	검열/자진 삭제	내용
1	14	대포집 안(1~35)	자진 삭제	동네 대포집에서 오병호가 여주인에게 양달수에 대한 소문, 손지혜가 본처가 아니라는 말을 들음 (2분 30초)
2	15	주모(1)	자진 삭제	위와 이어짐. 술집 여주인 인사 청탁(10초)
3	34	황산우체국(1~2)	자진 삭제	황산우체국 전경과 강만호 아들의 만남 첫 장면 (25초)
4	49	마루 밑(9~17)	검열 삭제	손지혜 윤간당하는 장면 중 일부
5	60	마루 밑(1~13)	자진 삭제	한동주에게 강간당하다 상처 입은 손지혜의 모습에 분노하는 강만호(약 1분 43초)
6	79	강둑길(2~5)	자진 삭제	오병호가 자기 때문에 강만호가 죽는 것을 목격하고 충격받는 내용(1분 9초)
7	80	강만호의 방	자진 삭제	
8	81	다시 강둑길	자진 삭제	
9	82	병원 안	자진 삭제	
10	83	광주검찰청	자진 삭제	강만호의 죽음으로 검사에게 질타당하는 오병호와 변호하는 김 서장
11	84	검사실	대사 삭제 (대검 검열)	"강만호 살려내요."
12	85	문창경찰서 수사실	자진 삭제	사건에서 손을 떼겠다는 오병호를 달래고 손지혜의 주소를 알아봐 주는 김 서장(1분 7초)
13	86	서장실	자진 삭제	
14	87	열차 안	자진 삭제	열차 안에서 술을 마시다 앞 승객과 대화하는 오병호(1분 19초)
15	98	여관방	자진 삭제	황바우를 살리기 위해 검사에게 줄 뇌물이 필요하다는 양달수와 손지혜의 대화
16	99	검사실	자진 삭제	양달수가 검사에게 황바우를 오히려 모함하며 사형을 구형해 달라고 청탁하는 장면

※ ▇▇ 1차 검열에서 공윤의 지적 사항 4개처 ▇▇ 대검 실사 후 수정 사항 4개처 ▇▇ 검열 지적 사항이 아님에도 현재 154분 판본에 포함되지 않은 장면. 이 표의 러닝타임은 필자가 직접 측정한 것으로 다소의 오차가 있을 수 있다.

17	99	검사실(7~8)	검열 삭제	"그러니 이 돈을 받으시고 황바우에게 사형을 때려 주십시요. 그럼 검사님께는 제가 알아서 해 드리겠습니다."
18	100	김중엽의 집	자진 삭제	손지혜가 김중엽의 협박에 강간당하는 장면 (1분 42초)
19	101	응접실	자진 삭제	
20	102	안방(1~24)	자진 삭제	
21	102	안방(7~24)	검열 삭제	
22	106	여관방(1)	대사 삭제 (대검 검열)	김중엽에게 속아 돈을 주었다고 말하는 양달수
23	114	신문사 사무실	자진 삭제	오병호가 친구 엄 기자를 만나 돈을 빌리는 장면 전체(1분 59초)
24	115	윤전실	자진 삭제	
25	116	공중전화	자진 삭제	
26	117	윤전실	자진 삭제	
27	118	공중전화	자진 삭제	
28	119	윤전실	자진 삭제	
29	120	신문사 복도	자진 삭제	
30	121	구내다방 안	자진 삭제	
31	122	달리는 열차 안 (병국의 소리)	자진 삭제	
32	123	국민학교 교정	자진 삭제	해옥과의 두번째 만남(1분 48초)
33	124	강둑길	자진 삭제	
34	130	한동주의 집 앞	자진 삭제	한동주 부인을 만나 편지 꾸러미를 챙기는 장면(1분 50초)
35	131	한동주의 방 안	자진 삭제	
36	145	학교의 빈 교실	자진 삭제	상처 입은 몸을 치료해 주던 해옥과 헤어지고 절뚝거리며 떠나는 오병호(1분 47초)
37	152	광주 여관방	자진 삭제	육체적·정신적 고통에 괴로워하는 오병호 (1분 7초)
38	153	거리	자진 삭제	오병호가 설날 인파 속 서울 거리에 서 있는 장면(15초)

39	154	광주 어느 다방	자진 삭제	오병호가 김 서장의 처남(노순경)에게 수사비를 받고, 노 순경이 오병호에게 존경심을 표하는 장면(1분 35초)
40	155	등기소 앞	자진 삭제	공판 기록을 열람하기 위해 담당 직원이 요청하는 뇌물을 주는 장면
41	156	지방법원 안	자진 삭제	
42	157	복도 화장실	검열 삭제	
43	158	극장 안	자진 삭제	시간을 떼우려고 영화를 보다가 조는 오병호
44	166	목포교도소(오병호)	자진 삭제	황바우의 소재를 확인하려는 오병호와 담당 직원이 없어 협조가 안 된다는 직원 간의 실랑이 (3초)
45	167	교도소 안 (1)	대사 삭제 (대검 검열)	
46	183	기차 안	자진 삭제	황바우가 태영을 찾아 서울로 갔음을 전하는 바우 누나. 태영이 범인임을 확신하는 오병호(37초)
47	184	용왕리저수지 (1~4, 11~13)	자진 삭제	채판술을 방앗간에서 만나기까지 오병호의 고된 여정 일부(1분 36초)
48	185	방앗간 앞(1,2)	자진 삭제	
49	190	신문사 구내 다방	자진 삭제	다방에서 일하는 손지혜를 미행하여 집을 확인하는 엄 기자와 오병호(4분 15초)
50	191	레스토랑	자진 삭제	
51	192	다방 앞	자진 삭제	
52	193	다방 안	자진 삭제	
53	194	다방 앞	자진 삭제	
54	195	다방 안	자진 삭제	
55	196	다방 앞	자진 삭제	
56	197	다방 안	자진 삭제	
57	198	다방 앞	자진 삭제	
58	199	버스 안	자진 삭제	
59	200	여관 안	자진 삭제	
60	201	손지혜의 집 부근	자진 삭제	손지혜와 황바우가 함께 살고, 태영이 정신병원에 입원해 있음을 확인하고, 정신병원에 찾아가는 장면(3분 13초)
61	202	손지혜의 집 마당	자진 삭제	

2장 | 〈최후의 증인〉: 시대의 한계를 넘어서다

62	203	방 안	자진 삭제	
63	204	정신병원 앞	자진 삭제	
64	210	바우 누님 집 방 안	자진 삭제	황바우가 편지를 받고 서울로 가서 손지혜를
65	211	달리는 열차	자진 삭제	만나는 장면
66	212	서울역	자진 삭제	
67	220	호텔 로비	자진 삭제	오병호가 엄 기자를 만나 사건을 기사화하기로
68	221	엘리베이터 안	자진 삭제	함. 황바우가 누명을 썼고 한동주가 살아 있음이
69	222	복도, 엘리베이터 앞	자진 삭제	기사화되어 세간의 화제가 됨(2분 25초)
70	223	방 안	자진 삭제	
71	224	신문 게시판	자진 삭제	
72	239 (13번)	지하 밀실 안	대사 삭제 (대검 검열)	"검사와 양달수가 짜서 황바우를 죽였다."

어떤 신인지 정확히 파악되지 않는다. 명확하게 신으로 구분되지 않은 동선들을 제작사가 축약했을 가능성이 있다.

그렇다면 이 자진 삭제 분량 중 권력에 의한 외압을 원인으로 추정할 수 있는 내용은 어느 정도나 될까? 이는 해석의 영역에 해당하여 그 분량을 정확하게 구분해 낼 수 없다. 그러나 적극적으로 해석하더라도 오병호가 자신의 말 때문에 강만호가 죽는 것을 확인하는 장면(S#79~82, 1분 9초), 사건에 손을 떼겠다는 오병호를 김 서장이 달래는 장면(S#85~86, 1분 7초), 김중엽의 손지혜에 대한 협박과 강간 전까지의 장면(S#100~102, 1분 42초), 황바우의 전원을 알리는 목포교도소 직원의 증언(S#166,

3~4초) 정도이다. 합쳐서 4분 남짓이라 할 수 있다. 검찰을 포함한 공무원에 대한 비판적인 인식이 조금이라도 드러난 장면을 포함하면, 강만호의 아들이 나오는 황산우체국 장면(S#34, 25초), 오병호가 김 서장의 처남을 만나고 처남이 자신의 의지를 밝히는 장면(S#154, 1분 35초)을 추가할 수 있다. 이를 합쳐도 최대 6분 정도다. 그렇다면 나머지 28~30분 정도는 특별히 외압을 받을 만한 사유가 없는 분량인 셈이 된다.

사라진 엄 기자

사실 삭제된 34분 분량에서 가장 크게 삭제된 부분 중 하나는, 오병호의 친구이자 사건 해결의 조력자인 엄 기자와 관련된 장면들이다. 엄 기자가 거의 완전히 사라져 버렸는데, 무려 8분 39초 정도의 분량이다. 만약 원작과 1차 대본에서 구현된 언론사 간의 지저분한 경쟁, 죽은 김중엽의 가문이 운영하는 한성일보(Y신문)의 부패한 행위들이 문제였다고 한다면, 그것은 개작을 거쳐 본편에서 이미 삭제된 상황이다. 남은 것은 오병호의 정의로운 조력자이자 정도를 지키는 기자의 활약이므로 언론사의 비행이 문제가 되어 삭제했다고 보기도 어렵다. 검찰 당국이 굳이 이 부분까지 문제 삼아 삭제를 압박했을까.

그보다는 러닝타임을 줄이면서도 서사를 유지하기 위해 아예 조연 한 명의 분량을 통째로 삭제했다고 보는 편이 설득력 있지 않을까.

더욱 심각한 것은, 사건의 중요한 단서나 핵심이 되는 부분들이 상당 부분 삭제되었다는 점이다. 양달수와 손지혜의 관계에 대한 중요한 정보를 듣고 본격적으로 오병호의 수사가 시작되는 계기가 된 대포집 주모와의 대화(S#14~15, 2분 40초), 한동주의 부인을 만나 한동주가 보낸 것으로 추정되는 편지들을 챙기는 장면(S#130~131, 1분 50초), 황바우 누나와의 대화를 통해 태영이 범인임을 짐작하는 장면(S#183, 37초), 오병호가 태영이 정신병원에 입원했음을 알고 찾아가는 장면(S#201~204, 3분 13초) 등은 영화 줄거리 이해에서 빠져서는 안 될 부분이다.

영화의 내용 전달에 중요한 서사 정보까지 삭제했다는 사실은 외압에 의한 삭제 가능성을 낮춘다. 상업적인 이유가 아닌 정치적인 외압으로 영화를 재편집해야 할 때, 어떤 제작사도 삭제해야 할 장면보다 많이, 그것도 필수적인 장면들까지 과도하게 삭제하지는 않을 것이기 때문이다. 기본적으로 편집자들은 문제가 되는 장면을 요령 있게 편집하는 방식을 알고 있다. 이를 감안할 때 제작사가 삭제 분량(예컨대 120분)을 먼저 정해 놓고 삭제를 해 나갔다고 추정할 수 있지 않을까.

한편, 대검찰청이 공식적으로 4개의 추가 검열 사항을 문공부에 전달한 상태였음을 기억할 필요가 있다. 만약 외압이 존재했다면, 10월 8일 실사 검열 후 4개의 추가 검열 사항을 전달한 이후에 다시 별도로 검찰 측이 제작사에 압력을 가했다는 의미일 텐데, 몇 개의 추가 사항도 아닌 개작에 가까운 수준의 대규모 검열을 지시했으리라 믿기 어렵다. 당시 영화 본편 검열을 담당했던 공윤 직원은 다음과 같이 대검찰청 실사 현장의 분위기를 전달했다.

> 9월 중 검열심의되어 나간 작품 중에 사법 공직자를 등장인물로 다룬 내용의 방화가 있었는데 지난 월초 당해 기관에서 영화 내용상 그 계통 공직자의 품위를 손상케 한 장면이 있다는 제보가 있음에 따라 실사를 요구한 바 있어 관계자들을 포함하여 본위원회 간사가 동석해 실사를 한 결과, 내용상으로는 오히려 별다른 문제점이 없으나 전문 직능을 전담한 사실성, 즉 고증이 미흡하다는 의견이었다.[59]

이 기사는 이 사건과 관련한 몇 가지 세부적인 정보를 전달한다. 첫째, 대검찰청의 실사 검열에 공윤 간사가 동석했다. 즉, 대검 직원들만 당시 검열 현장에 있었던 것이 아니며 다른 기관의 증인이 있었다는 의미다. 둘째, 이 증인은 기관지에 공개적으로 그 사실을 전달할 정도로 당시 분위기가 강압적이 아니었음을 확신하고 있다. 셋째, '그 계통', 즉 검찰의 품위를 손상케 한다는 제보에 따른 실사 검열이었다. 그래서 검찰과 사법기관의 부패 장면에 한해 삭제를 요청했다.

긴 상영시간이 문제였을까?

그렇다면 상영시간이 너무 길어 재편집을 했다는 제작사의 주장은 당대 제작(상영) 관행과 관련하여 어느 정도 설득력이 있을까? 이에 필자는 한국영상자료원이 운영하는 한국영화데이터베이스(KMDb)를 통해 1977년부터 1980년까지 4년간 제작된 장편 극영화 404편을 전수조사하였다.

90~100분 사이 영화들이 대개 표준을 이루는 가운데, 404편 중 120분 이상의 영화는 다음과 같다. 〈난중일기〉(장일호, 1977, 120분), 〈엄마없는 하늘 아래〉(이원세, 1977, 120분), 〈관세음보살〉(최인현, 1978, 120분), 〈속 별들의 고향〉(하길종, 1978, 120분), 〈세종대왕〉(최인현, 1978, 150분), 〈흙〉(김기영, 1978, 125분), 〈호국팔만대장경〉(장일호, 1978, 130분), 〈밤의 찬가〉(김호선, 1979, 135분), 〈죽음보다 깊은 잠〉(김호선, 1979, 120분), 〈내일 또 내일〉(임권택, 1979, 120분), 〈뻐꾸기도 밤에 우는가〉(정진우, 1980, 120분), 〈최후의 증인〉(158분), 〈땅울림〉(설태호, 1980, 125분) 등 13편이다. 404편의

영화 중 3퍼센트 남짓에 불과하다. 그중 특이하게도 120분 영화들이 7편을 차지한다. 120분을 초과하는 작품으로만 따지면 6편에 불과한 셈이다. 또한, 이 영화들의 러닝타임은 〈최후의 증인〉이 158분이라 기재된 점에서 알 수 있듯 검열 전 시간이다. 즉, 검열을 거친 이후에는 러닝타임이 더 줄어들었을 가능성이 높다는 것이다.

이 중 〈최후의 증인〉의 러닝타임(검열 전 158분, 검열 후 154분)이 가장 길며, 이에 가까운 영화는 러닝타임 150분의 최인현의 〈세종대왕〉이다. 1978년에 제작된 이 영화는 당대 최고 수준의 제작비를 투여한 대작으로, 1979년 우수영화에 선정되었다. 그런데 이 영화의 검열 서류를 보면 1982년까지도 개봉되지 못한 상태였다. 사실상 개봉이 무산된 것으로 보인다. 그 이유에 대해 당시 우수영화들 여럿과 함께 묶어 "흥행성이 결여"되었기 때문이라 언급한 기사가 있으나,[60] 이 영화의 긴 러닝타임이 개봉을 막은 장애물 중 하나는 아니었을까? 실제로, 몇 년 뒤 한 잡지 기사는 영화사에 의한 자진 삭제와 러닝타임의 관계에 대해 다음과 같이 쓰고 있다.

〈깊은 밤 깊은 곳에〉란 영화는 긴 시간 때문에 큰 줄거리 전체가 커트되었다. 여러 주인공의 애증과 복수가 얽혔던 이 영화는 한 주인공과 관련된 설정은 몽땅 빠져 버렸다. 〈대부

2〉는 2시간 30분이 넘는 상영시간 때문에, 〈대부 1〉보다는 설명적이고 회상 장면이 많아 처지는 화면 전개 때문에 대거 삭제, 재편집되어 1시간 40분가량으로 줄어들었다. … **이러한 커트의 가장 큰 원인은 상영시간 때문이다. 극장에서 보통 하루 5회 상영하는데 그러려면 영화의 총 길이가 1시간 58분 이내여야 가능하다. 한 회를 포기하는 데서 오는 막중한 손해를 쉽게 감당하려는 영화사나 극장은 없을 것이므로 2시간이 넘는 모든 부분은 삭제될 수밖에 없다.**[61]

당연하겠지만 영화의 상영시간은 극장의 상영 회차와 밀접한 관계가 있다. 예컨대 러닝타임 90분짜리 영화를 6회 상영할 수 있다면, 160분짜리 영화는 4회 상영만 가능하다. 그렇다고 상영시간이 긴 영화의 입장료를 더 받을 수 있는 것은 아니므로, 대체로 상영시간은 극장의 매출과 직결된다. 인용문 기사가 밝히듯, 이 시기 5회차 상영이 가능한 상영시간 마지노선은 2시간이다. 앞서 살펴봤듯, 상대적으로 장편인 영화들 13편 중 7편이 120분이고, 〈최후의 증인〉 삭제본 역시 120분이다. 우연이라고 하기엔 너무 공교롭다. 이상의 여러 정황을 종합할 때 앞에서 언급한 네 가지 가능성 중 ③ 혹은 ④, 즉 외압이 없지는 않았으나 제작사의 자체적인 필요가 더 크게 작용했거나, 제작사의 자의에 의한 삭제 가능성이 더 높다고 본다.

〈최후의 증인〉 검열 사건에서
건져야 할 것

2008년 〈최후의 증인〉 DVD 코멘터리 대화 중 이두용 감독
은 김영진 평론가의 질문에 다음과 같이 답한다.

> 그 당시에는 진짜 1시간 30분 분량으로 커팅이 됐던 거는 영화
> 사에서 자체적으로 한 건가요?
> 글쎄요, 이게 아마 그런 거 같아요. 그 뭐냐 하면 검열 자체
> 는 그렇게 많이 안 그랬는데 그 이제 연결이 안 되니까 누군
> 가 손을 대 가지고 그 당시에 나는 "아 저건 내 작품 아니다"
> 그래 가지고 이제 뭐 뒤돌아섰을 때고 그러니깐 손을 대 가
> 지고 더 연결을 매끄럽게 한다고 아마 더 자르다 보니까 한
> 시간 이상이 잘려 나간 것 아닌가 그런 생각이 듭니다.

이 대화는 〈최후의 증인〉 검열과 관련하여 상당히 중요한
사실을 전달한다. 즉, 이두용 감독이 영화의 검열 과정과 검열
이후 재편집 과정에 거의 관여하지 않았고 세부적인 내용 역시
몰랐다는 사실이다. 이는 어쩌면 당연하다고 할 수 있다. 당시
검열의 주체는 문공부와 공윤(정보부, 치안본부 등 정부 측 담당자
들은 당연직으로 공윤의 검열위원에 참여했다)과 같은 검열 담당 기

관, 그리고 제작사였다. 감독이 검열 현장에 함께 있거나, 감독이 제작자를 겸해 검열 과정을 구체적으로 알 수 있는 등의 예외가 없는 것은 아니지만, 대체로 감독들은 검열의 당사자가 아니라 제작사로부터 검열 과정이나 결과를 전해 듣는 일종의 제삼자였다.

문제는 검열에 대한 대부분의 증언이 검열의 직접적인 당사자가 아니었던, 사실관계를 정확히 모르는 감독들로부터 나온다는 점이다. 그 과정에서 전언(傳言)과 경험이 뒤섞이고, 과장된 루머, 주관적 피해의식, 인정받고 싶은 욕망 등이 복잡하게 얽혀 든다. 그리고 이는 결국 검열의 신화화로 이어진다. 검열의 신화화가 일으키는 문제는, 소위 가위를 든 국가, 가위질에 희생당하는 예술가라는 도식을 만들어 낸다는 것이다. 이는 검열에 수반되는 복잡하고 다양한 변수와 절차, 효과성을 가리며, 검열을 도덕적인 문제로 축소시킨다. 또한, 이는 영화제작사, 지방 흥행사(배급사), 상영관, 언론과 지식계, 나아가 관객 등 영화 검열에 직간접적으로 연관된(텍스트의 생산과 의미 결정에 참여하는) 다양한 주체들을 비가시화한다.[62] 검열에 대한 신화화된 인식은 한국영화 검열사, 나아가 한국영화사에 대한 연구와 시각을 왜곡시키는 매우 중요한 문제이다.

그렇다고 해서 이두용 감독이 이 검열 사건으로 고통을 받지 않았다거나, 검찰 조사를 받았다는 증언이 거짓이라 주장하는 것은 아니다. 군사정권기 검열의 강도가 실제로는 약했다고 주장하는 것도 아니다. 군사정권이 자행한 검열이 한국영화의 미학적 구조와 창작-수용자의 멘탈리티를 구성하는 데 매우 부정적인 영향을 미쳤음을 부인할 수는 없다. 다만, 검열을 단순한 선악 흑백논리 혹은 윤리적 도식으로만 이해할 경우, 국가를 비롯한 다양한 주체들이 결합된 권력의 복잡한 작용의 산물인 검열이 그저 하나의 흥미로운 영웅담이나 루머, 전설로만 남게 된다는 말이다.

"인간보호"라는
이상한 말

구악을 일소하고 새질서를 확립하려는 1980년
이 시대에 어제의 진실이 무엇이고 가짜가 무엇
이라는 것을 **한 수사관의 집념 어린 인간보호를**
통해 가식 없이 토론하고 싶었다.
얘기도 어두운 얘기, 화면도 어둡다.
80년대엔 이러한 어둠이 사라졌으면 한다.

— **감독 이두용**(강조는 필자)

〈최후의 증인〉은 이와 같은 자막으로 시작한다. 감독이 자
신의 작의를 실명으로 서두에 배치하고 시작하는 영화를 필자
는 거의 본 적이 없다. 본인의 메시지를 강요하는 이 방식이 미
학적으로 좋은 선택이라 할 수 없을 것이다. 게다가 '구악', '새
질서'와 같은 관제적인 용어들은 공허하게 느껴지기도 한다.

그렇기에 아마도 많은 관객이나 비평가들은 이 자막을 그저 당대의 관습 정도로 보아 넘겼을지도 모른다. 워낙에 슬로건의 시대였기 때문이다.

부분적으로는 이에 동의하지만, 그래도 마음에 걸린다. 이두용 감독은 왜 영화 서두에 본인의 이름을 명기하는 유례가 거의 없는 일을 굳이 감행했을까? 어쩌면 이 자막은 미학적 불이익을 감수하고서라도 자신의 의지를 전달하겠다는 감독의 집념이 반영된 투박한 결과물이 아닐까? 그렇다면 그가 그토록 전달하고자 했던 의지란 무엇이었을까?

이 자막에서 단연 눈에 띄는 어구는 '인간보호'다. 이전에도, 이후에도 거의 들어 본 적이 없는 이상한 어구다. '○○보호'라는 표현은 대개 자연보호, 환경보호, 노동권 보호, 노약자 보호, 임산부 보호 등 위기에 처한 대상이나 약자와 함께 쓰인다. 생물환경계에서 압도적인 포식자 지위에 있는 인간 종 전체에 쓸 말은 아니다.

그런데 우리는 이와 유사한 어법을 앞서 본 적이 있다. 〈청송으로 가는 길〉 발표 당시, 이두용은 '한국인의 보편적 삶'= '무능력자가 살 수 없는 시대'라는 취지의 인터뷰를 했다. 여기서 그는 약자를 보편적인 한국인의 지위에 두었다. 그 한국인이 인간으로 확대된 셈이다. 약자에게 한국인의 보편성을 부여한 것처럼, 이두용은 약자에게 인간의 보편성을 부여한 것이다. 물론 이 도식이 딱 들어맞는 것은 아니며, 이두용 역시 이를 의식하고 썼을 것 같지 않다. 핵심은 약한 인간을 보호하는 것이 보편적인 한국인을, 그리고 인간을 보호하는 것이라는 영화의 메시지다. 이 결연한 인간보호 선언, 최후의 증인을 향한 다짐에서 당시 감독의 의지를 읽을 수 있다.

'최후의 증인'은 누구인가?

이와 관련하여 이 영화의 제목, '최후의 증인'이 누구인지부터 생각해 볼 필요가 있다. 우선, 원작에서 '최후의 증인'은 누구일까. 이 소설에서 최후의 증인이라는 어구는 단 한 번 나오는데, 오병호가 자살하는 장면을 묘사할 때다. 소설 전체의 마지막 문장이다. "최후의 증인은 나무를 붙잡고 풀썩 쓰러졌다. 눈을 받아먹고 싶은 듯 그는 입을 약간 벌린 채 멍하니 하늘을 바라보고 있었다."[63]

그러니까 원작에서 최후의 증인은 오병호다. 소설 속 그는 이 모든 비극의 원인을 처음부터 끝까지 듣고, 목도하고, 언론을 통해 전달하는 인물이다. 그러니 어떤 의미에서건 증인임을 부정할 수 없다. 그리고 아마도, 더 넓게는 이 소설을 읽는 독자들 역시 이 사건의 증인이 될 수 있을 것이다. 영화에서는 어떨까? 영화에서는 후자, 즉 관객을 증인으로 소환하는 느낌이 더욱 강해진다. 영화 서두의 자막에서 감독은 "진짜가 무엇이고 가짜가 무엇인지를 … 가식 없이 토론하고 싶었다"라고 밝힌다. 누구와 토론할 것인가. 당연히 관객일 것이다. 자막 자체가 관객을 향한 것이니 말이다.

다른 한편, 이 영화의 제작 신고 시(대본 검열 신청 시) 첨부된 서류에는 〈최후의 증인〉 작의가 다음과 같이 기술되어 있다.

전쟁이 이 땅을 휩쓸었을 때 숱한 사람들이 잡초처럼 취급을 받았고 잡초처럼 짓밟혀 갔다 …

그러나 그들은 콘크리트 바닥을 뚫고 오랜 세월을 묵묵히 견디어 왔다

그들이 이렇게 살아올 수 있었던 것은 대지와 태양을 향한 그들의 소박한 열망 때문이었으리라

그러나 그들은 숙명적으로 침묵할 수밖에 없는 입장에 놓여 있다

이러한 사실을 외면하는 것은 하나의 큰 죄악이다

그래서 여기 그들이 흘린 피와 땀의 자취를 추적해서 최후의 증인을 삼고자 한다[64] (강조는 필자)

다소 모호한 문장이다. 문장구조상으로는 '그들이 흘린 피

와 땀의 자취를 추적'한 결과가 '최후의 증인'이라는 것인데, 그건 좀 이상하다. 앞의 문장을 거슬러 그 의미를 좀 더 파악해 보자. 우선 전쟁의 희생자들이 있다. 그들은 전쟁의 비극 속에서 희생당하고, 일부는 묵묵히 전후의 비극을 견뎌 왔다. 그러나 그들은 '침묵할 수밖에 없는 입장'이라 말을 할 수 없다. 그들의 희생과 견딤을 '외면하는' '큰 죄악'을 범하지 않고, 누군가 그들을 위해 증언해 주어야 한다. 그 주체가 '최후의 증인'이다. 따라서 증인은 그들의 대변자이기도 하다. 그렇다면 (최후의) 증인은 구체적으로 누구인가? '그들이 흘린 피와 땀의 자취를 추적해서' 그 진실을 밝혀내는 사람이다. 영화의 맥락에서라면 작품 속 추적자 오병호다. 문장의 직접적인 구조 속에서라면 '추적해서'의 주어 격인 이 문장의 작성자이다. 확실하지는 않지만 이두용이라 짐작된다.

그러니까 이 문장들 속 '최후의 증인'은 이두용 본인이며, 그 작품 속 대행자가 오병호인 셈이다(문장구조가 애매해서 단정지을 수는 없다). 서두의 자막을 함께 고려한다면, 이두용은 이 증언을 함께 보고 듣고 토론할 또 다른 증인이자 대변자들로 관객을 지목한다. 그리하여 이두용은 자신의 영화를 통해 증언의 네트워크, 증인의 연대를 꿈꾸며 관객들을 증언대로 소환하고, 관객들을 침묵할 수밖에 없는 짓밟힌 자들의 대변자로 삼고자 한다.

아나키스트 이두용?

생각해 보면, 진실을 추적해서 '최후의 증인'이 되고자 하는 오병호의 고투는 공적 정의의 수호자라는 자의식에서 비롯된 것이 아니다. 손지혜와 황바우라는 기층 민중의 보호자로 나서도록, 심지어 죄의식 속에서 자살하도록 그를 추동하는 것은 일종의 동료 인간으로서의 동정 혹은 감수성이다. 원작에서 오병호가 손지혜를 처음 만났을 때, 그는 다음과 같이 말한다.

> "정말 수사하다 우연히 알게 된 일이고, 저와는 아무 관계도 없는 일일지 모르지만, 적어도 피가 도는 인간이라면 결코 외면할 수 없는 일입니다."[65]

앞서 이두용의 영화 세계를 '휴머니즘'이라는 범박한 단어로 규정한 바 있다. 이때 휴머니즘은 일종의 동정에서 비롯되는데, 그것은 시혜적 시각이 아니라 그들의 위치에 서는 것, 그들의 고통을 함께 느끼는 것, 그리하여 그들의 문제를 진심으로 나의 문제로 여기는 것을 의미한다. 그런데 이 범박한 휴머니즘과 이두용 특유의 국가와 공권력에 대한 비판적 시각이 결합될 때 하나의 성향이 나타난다. 원작에서 오병호를 처음 만난 해옥은 그의 인상을 다음과 같이 설명한다.

그런데도 경찰 같지가 않아요.

그럼 뭐처럼 보입니까?

뭐라고 할까. 처음엔 무정부주의자처럼 보였어요.[66]

오병호에 대한 해옥의 "무정부주의자"라는 첫인상에는 근거가 없지 않다. 그는 형사임에도 불구하고 공권력을 불신하고, 조직(원)으로부터 소외되었거나 본인이 조직을 소외시키고 있다. 그래서 "대학 출신"임에도 불구하고 (반)자발적으로 시골 경찰서에 숨어 있다시피 한다. 수사에 나선 그는 약자를 보호하고, 진실을 밝히기 위해 경찰이라는 공권력 조직에 도전하고, 비록 정당방위이긴 하지만 사람을 죽인다. 그 결과 경찰관 직분인데도 공권력의 도움을 거의 받지 못한다. 수사비조차 상관인 김 서장의 호의, 심지어 사비로 충당하는 지경이다. 국가 폭력이 초래한 비극을 국가 스스로 해결할 수 없다는 인식의 산물일까. 어쩌면 이두용이 이 원작에 끌린 것은 그가 만들어 왔던, 그리고 그가 만들어 갈 영화적 윤리 및 가치와 일맥상통하는 지점이 있었기 때문일 것이다.

당연히도 이두용이 아나키스트라는 말은 아니다. 그의 시대에 아나키스트란 자의식은 상상하기 힘든 일이다. 그럼에도 불구하고, 이두용의 영화에서는 아나키스트적인 성향이 보인다. 정치학자인 하승우는 아나키즘은 단순한 무정부주의가 아니라 반강권주의라고 보아야 한다고 말한다. 아나키즘은 모든 권위를 부정하는 것이 아니라, 강압적이고 억압적인 권력을 거부하는 것이다.[67] 그것을 아나키즘이라 규정할 수 있건 아니건, 이두용의 영화들이 보여 주는 국가나 억압적인 (공)권력에 대한 비판적 시선, 그리고 각자의 현실 속에서 약자들 간의 연대에 대한 열망은 특히 1970~80년대의 집단주의적 풍토 내에서 더욱 빛나는 가치다.

에필로그

〈최후의 증인〉은 한국전쟁이라는 열전을 경유하여 냉전 군사정
권기의 사회상, 국가권력의 폭력성과 부패상을 고발하는 영화
다. 대립적 반공주의라는 포장을 벗기고 살펴보자면, 이 영화는
열전이 낳은 냉전, 냉전이 낳은 군사정권, 군사정권이 낳은 국
가의 폭력성이라는 역사의 비극적 연쇄를 무력한 희생자들을
통해 아래로부터 드러낸다. 물론 이 영화가 보여 주는 역사적
통찰이 원작 소설에 빚지고 있음을 부인할 수 없다. 그러나 문
학과 대중문화로서의 영화는 표현의 가능성과 수준이 엄연히
구분되었다는 점을 감안해야 한다. 제한된 독자를 대상으로 작
가 개인이 상대적으로 자유롭게 창작할 수 있는 문학과 달리,
수억 원의 자본, 창작에 관여하는 수십 명에서 수백 명의 인력,
창작과 공개의 단계마다 개입하는 정권의 검열 등 영화의 창작
과정에는 수많은 위험과 변수, 난관이 도사리고 있다. 단순히

영화 창작자들의 인식이 낮아서 제대로 된 예술적 산물을 만들어 내지 못했던 것이 아니라는 것이다. 〈최후의 증인〉은 이러한 어려움 속에서 원작의 문제의식을 계승했고, 나아가 영화만의 미학적 성취를 이루어 냈다. 개인적으로 이 영화는 서울의 봄에서 5공화국으로 진행되었던 1980년이라는 시대적 한계 속에서 당시 영화가 보여 줄 수 있었던 최대치의 역사적 인식에 가깝다는 생각이다. 그렇다고 〈최후의 증인〉이 그 시대적 한계 속에서만 읽히는 영화는 아니다. 2000년대 후반에서 2010년대 초, 영화가 만들어진 지 거의 30년이나 지난 시점에 이 영화를 본 관객들이 느꼈던 어떤 경외감은 단순히 영화의 주제의식이나 역사적 통찰에서만 비롯된 것은 아니었을 것이다. 이두용은 그 역사적 통찰을 총체적으로 제시하기보다, 피와 땀, 열정과 무거운 발걸음의 신체를 가진 인간들의 이야기로 구현하고자 했다. 〈최후의 증인〉이라는 영화가 리얼리즘이라는 추상적 방법론이자 사조이자 태도를, 하드보일드 범죄수사물라는 장르를, 로드무비가 표현하는 심리적 주관성을 모두 끌어안으면서 초월할 수 있었던 것은 그 창작의 출발점과 종착점에 육체를 지닌 인간을 핵심으로 둔 일종의 구체적인 유물론이 존재했기 때문이다.

소위 걸작이라 불리는 영화들은 독자들에게 특별한 순간을 전달한다. 영화 전체의 정서나 충족감을 통해서일 수도 있지만, 때로 한 등장인물의 표정이나 스치듯 지나가는 풍경, 한 마디의 대사를 통해서일 수도 있다. 이 순간은 많은 경우 창작자나 연기자의 계산 밖에 존재하는 것이다. 그렇기에 어떤 영화가 가지는 힘은 서사나 구성의 정교함을 넘어선다. 〈최후의 증인〉이 그런 영화다. 예컨대 이 영화의 블루레이 코멘터리에서 박찬욱 감독은 "광각렌즈에서 아주 멋지게 포착된 황량한 조선의 풍광", "바람과 벌거벗은 나무들", 길에서 만나는 "자전거 탄 사람들이나 상여"처럼, 어떤 관객들은 매우 여상하게 넘길 수 있는 장면들을 상찬하며, 그것들이 부여하는 감정들을 언급한다.

그렇기에 이 영화가 어떤 이유에서건 40분에 가까운 분량이 삭제된 채 공개되었다는 것은 매우 아쉬운 일이다. 가끔 영리한 제작자들에 의해 편집되고 축약된 영화들이, 대개는 훨씬 긴 러닝타임을 가진 감독판에 못지않은 완성도나 매력을 가지는 경우도 있다. 그러나 〈최후의 증인〉은 그 사례에 결코 포함되지 않는다. 무엇보다 줄거리를 중심으로, 그나마 중요한 몇몇 서사의 모티브들조차 생략된 채 편집된 120분 버전은, 이 영화가 가진 힘과 매력을 완전히 거세해 버린다. 그리하여 이 영화는 감독에게조차 버려진 채 재발견되기까지 거의 30년에 가까운 세월을 기다려야 했다. 이두용의 영화 인생에서 아이러니한 점은, 그의 국제적인 성공이 〈최후의 증인〉의 실패에서 비롯됐다는 사실이다. 2008년 출시된 DVD에 수록된 김영진 평론가와의 코멘터리 대담에서 이두용은 다음과 같이 이야기한다.

어쨌든 제가 구상한 대로 제대로 영화가 상영이 되고 영화 흥행이야 잘됐건 안 됐건 뭐 흥행이 어느 정도 괜찮았었다 그 러면 **아마 지금 전혀 다른 영화를 제가 만들고 있었을지도 몰 라요.** 솔직히 지금 그런 생각을 해 봅니다. **그때 나는 이런 유 의 몇 가지 영화를 해 봐야 되겠다 하는 생각을 가졌었거든요.** 그러다가 이제 〈피막〉이나 〈물레야 물레야〉로 급선회한 거죠. 이게 어쨌든 저 작품이 온전한 개봉도 못 하고 그러니까 다음 에 아까도 말씀드렸지만 좀 편한 영화를 해 보자 이래 가지고 소위 그 작가와 감독이 좀 이렇게 그 구상해서 한 **그런 테크니 컬한 쪽으로 연출력으로만 보일 수 있는 영화를 만들자 한 게 〈피막〉이거든요?** (강조는 필자)

그러니까 이두용은 〈최후의 증인〉을 계기로 이와 유사한 방 향성의 영화들을 몇 편 구상했으나, 이 영화의 삭제 개봉과 흥 행 실패로 노선을 전환하여 '테크니컬한 쪽으로 연출력으로만 보일 수 있는' 〈피막〉, 〈물레야 물레야〉와 같은 영화를 만들었 다는 것이다. 후대 관객들은 〈최후의 증인〉과 〈피막〉을 공히 이두용의 예술성이 발현된 결과라 보겠지만, 이두용 본인의 계열에서 이 둘은 다른 가능성이었던 셈이다. 그것은 물론 현 대물과 사극이라는 장르 차이만을 말하는 것은 아니다. 일종의 영화 미학적 표현의 차이, 즉 다이렉트한 연출의 대작 영화와 기교적인(예술 표현적인, 혹은 "테크니컬한") 영화의 차이, 나아가 이두용이 영화를 바라보는 시각, 표현하고자 하는 대상, 현실에 대한 감각을 구현하는 방식의 차이를 함의한다.

이두용의 회고들을 살펴보면 특이한 점이 있다. 그것은 그를 국제적 감독의 위상으로 올려 준 소위 〈피막〉 계열의 작품들에 대한 언급이 다른 계열에 비해 상대적으로 적다는 사실이다. 오히려 지금까지도 제대로 인정받지 못하는 액션영화에 대한 아쉬움, 그리고 소위 사회드라마 계열의 영화들에 대한 애정을 드러내는 언급이 더 많다. 특히 그에게 현대 사회드라마는 단순한 애정의 대상이 아니라 그가 수행해야 할 일종의 영화적 사명과 맞닿아 있다. 그렇기에 〈최후의 증인〉의 실패가 안타깝다. 〈피막〉도 흥미롭고, 〈물레야 물레야〉의 영화적 성취도 놀랍지만, 이두용에게는 〈최후의 증인〉 쪽이 더 어울린다고 생각하기 때문이다. 물론 〈최후의 증인〉 이후에도 그는 현대 한국사회에 대한 비판적 인식을 담은 〈장남〉이나 〈청송으로 가는 길〉과 같은 훌륭한 영화들을 만들었다. 그러나 그 훌륭함을 인식할수록, 그 주제 의식을 확장한 그리고 감독 본인의 열정이 온전히 결합된 〈최후의 증인〉과 같은 영화들을 더 볼 수 있었을 것이라는 아쉬움이 커진다. 그랬다면 1980년대 초중반의 한국영화사는 훨씬 더 풍부하고 다채로웠을지도 모른다.

주

1 박찬욱 감독, 〈'최후의 증인'은 친애하는 한국영화(한국영화 100년)〉, 《세계일보》 2019년 10월 29일자.

2 〈영화 내 사랑: 류승완이 본 '최후의 증인'〉, 《스포츠경향》 2008년 1월 6일자.

3 인터뷰 및 정리 김형석, 〈인터뷰: 외로운 개척자, 이두용 감독〉, 《장르의 해결사 이두용》, 부산국제영화제·한국영상자료원, 138쪽.

4 김형석, 위의 인터뷰, 139쪽.

5 김형석, 위의 인터뷰, 140쪽.

6 김형석, 위의 인터뷰, 147쪽.

7 유양근 인터뷰, 〈평론가의 인터뷰〉, 《이두용 영화: 나의 연인 60》, DIMA출판부, 2010, 322쪽.

8 김형석, 위의 인터뷰, 148쪽.

9 영화진흥공사, 《한국영화자료편람: 초창기~1976년》, 1977, 145쪽.

10 영화진흥공사, 위의 책, 146쪽.

11 김형석, 위의 인터뷰, 154쪽.

12 김형석, 위의 인터뷰, 158~159쪽.

13 주성철, 〈이두용, 사실적 액션연출의 대가〉, 《장르의 해결사 이두용》, 부산국제영화제·한국영상자료원, 58쪽.

14 〈감독과 얘기하는 작품 세계 10, 이두용 감독 〈청송으로 가는 길〉, 우리 것을 정립해 나가는 유려한 테크니션〉, 《스크린》 1990년 6월호, 225쪽.

15 우수영화 선정제도에 대한 설명은 조준형, 〈국가가 시장을 지배했을 때: 1970년대 중후반 우수영화-외화수입쿼터 커넥션과 한국영화〉, 《영화연구》 96권, 2023 참조.

16 조준형, 위의 글(2023), 39쪽.

17 "SOUTH KOREAN FILMS, Set to make a splash by 1988", *ECONOMIST*, July 13, 1985, pp. 79-81.

18 김형석, 위의 인터뷰, 196쪽.

19 이현미, 〈화제영화인 탐방, 우리 영화의 고유언어를 되찾는 이두용 감독〉, 《영화》 1986년 7월호, 51쪽.

20 〈스크린 초대석, 미국진출 제1호, 침묵의 암살자 이두용 감독, 영화연출엔 국경이 없다〉, 《스크린》 1987년 5월호, 71쪽.

21 〈백상예술상 수상자 대담, 이두용 VS 김홍종, '위대한 한국이 작품활동의 기본이 죠〉,《스크린》1986년 5월호, 146쪽.

22 김형석, 위의 인터뷰, 173쪽.

23 유양근, 위의 인터뷰, 344쪽.

24 유양근, 위의 인터뷰, 338쪽.

25 유양근, 위의 인터뷰, 346쪽.

26 유양근, 위의 인터뷰, 344쪽.

27 김형석, 위의 인터뷰, 164쪽.

28 유양근, 위의 인터뷰, 332~333쪽.

29 〈아주영화제를 보고… 신상옥 감독 주장〉,《경향신문》1973년 5월 26일자 5면.

30 유양근,위의 인터뷰, 336쪽.

31 이영재, 위의 책, 365쪽.

32 〈감독과 얘기하는 작품 세계 10, 이두용 감독 〈청송으로 가는 길〉, 우리 것을 정립해 나가는 유려한 테크니션〉,《스크린》1990년 6월호, 226쪽.

33 《세계일보》2019년 10월 29일자, 위의 기사.

34 강소원,《1980년대 한국 '성애 영화'의 섹슈얼리티와 젠더 재현》, 중앙대학교 첨단영상대학원 영상예술학과 영화영상이론전공 박사학위논문, 2006년, 130쪽.

35 강소원, 위의 논문, 130~131쪽.

36 이영재, 위의 책, 85쪽.

37 김형석, 위의 인터뷰, 165쪽.

38 김미현 외,《한국영화배급사연구》, 영화진흥위원회, 2003, 85쪽.

39 김형석, 위의 인터뷰, 166쪽.

40 한국영상자료원 개최 이두용 특별전 〈최후의 증인〉 GV 영상, 대담: 이두용, 장병원, 2012.10.27. https://www.youtube.com/watch?v=bO7QDq6VsuE

41 이영일, 〈'80 한국 (극)영화〉,《1980년도판 한국영화연감》, 영화진흥공사, 1981, 54쪽.

42 조준형, 〈해제: 반공과 검열 1971~1984〉,《한국영상자료원 검열자료컬렉션 해제자료집 7: 반공과 검열 1971~1984》, 한국영상자료원, 2024, 8쪽. https://www.kmdb.or.kr/collectionlist/detail/view?colId=801&isLooked=false

43 에르네스트 만델, 이동연 옮김,《즐거운 살인: 범죄소설의 사회사》, 이후, 2001.

44 신혜원, 〈하드보일드 탐정소설의 장르적 특성 연구: 레이먼드 챈들러의 《깊은 잠》〉,《미국학논집》44권 2호, 2012, 84쪽.

45 계정민, 〈계급, 남성성, 범죄-하드보일드 추리소설의 사회학〉,《영어영문학》제58

권 1호, 2012, 7쪽.

46 박유희, 〈한국 추리서사와 탐정의 존재론〉, 《대중서사장르의 모든 것 3_추리물》, 박유희 기획·대중서사장르연구회 지음, 이론과 실천, 2011, 64쪽.

47 오영숙, 〈한국 로드무비의 심상지리와 시대 정서〉, 《영화연구》 84호, 2020, 218쪽.

48 김성종, 《최후의 증인 상》[eBook], 세움출판사, 2015.

49 하명중, 〈영화감독 하명중의 나는 지금도 꿈을 꾼다 66, 보석같은 한국영화–최후의 증인〉, 《한국일보》, 2009년 4월 21일자.

50 김성종, 〈작가의 말, 상처뿐인 영광을 어루만져 주는 손길〉, 《최후의 증인 상》[eBook], 세움출판사, 2015.

51 김성종, 위의 글.

52 〈'뽕' 이두용 "2시간 40분짜리를 1시간 30분으로 싹둑"〉, 《노컷뉴스》 2008년 1월 15일자.

53 공연윤리위원회, 〈극(만화)영화 시나리오 심의 결과 보고〉, 1980년 2월 20일.

54 공연윤리위원회, 〈제43차 영화검열 심의 결과 보고〉, 1980년 9월 17일.

55 세경흥업주식회사, 〈극영화 재검열 신청〉, 1980년 11월 10일.

56 문화공보부, 〈영화검열 심의 의뢰(재심)〉, 1980년 11월 6일.

57 조준형, 〈한국영화검열사의 몇 가지 주제에 대한 시론적 연구〉, 《한국극예술연구》 59호, 2018.

58 강용훈, 〈소설 최후의 증인의 영화화 양상과 한국 추리 서사에 재현된 법의 문제: 영화 최후의 증인(1980) 검열양상과 관련하여〉, 《Journal of korean Culture》 통권 43권, 고려대학교 한국언어문화학술확산연구소, 2018.

59 〈관객은 검열규제로 오해, 상영시간 조절 위한 영화사의 자진삭제 행위〉, 《공연윤리》 51호, 1980년 11월 15일.

60 〈우수 국산영화 창고서 무더기 낮잠〉, 《경향신문》 1980년 2월 8일자.

61 〈영화 cutting 끊어진 필름을 상상으로 이어라?〉, 《스크린》, 1985년 2월호, 105쪽.

62 조준형, 위의 글(2018), 60쪽.

63 김성종, 《최후의 증인 하》[eBook], 세움출판사, 2015.

64 세경흥업주식회사, 〈영화제작신고서〉 첨부서류, 접수일 1980년 2월 21일.

65 김성종, 《최후의 증인 상》[eBook], 세움출판사, 2015.

66 김성종, 위의 책[ebook].

67 하승우, 《아나키즘》, 책세상, 2020, 12쪽.

최후의 증인
THE LAST WITNESS

감독 이두용 | **제작년도** 1980년 | **제작사** 세경영화주식회사 | **컬러·35mm** | **상영시간** 158분

원작 김성종《최후의 증인》, 1974) | **각색** 윤삼육 | **제작자** 김화식 | **기획** 윤상희·김명식 | **촬영** 정일성 | **조명** 차정남 | **편집** 이경자 | **음악** 김희갑 | **미술** 김유준 | **소품** 김호길·배영춘 | **의상** 이해윤 | **분장** 홍동은 | **사운드(녹음)** 손인호(한양스튜디오) | **사운드(효과)** 손효신 | **특수효과** 박광남·이문걸 | **조감독** 조명화 | **현상** 한국천연색현상소 | **스크립터** 곽은혜 | **연출부** 조명화·임승수 | **제작부장** 김이철 | **촬영팀** 정정원·이중호 | **조명팀** 김동호·박춘행

출연 – 오병호(형사) 하명중 | **손지혜(손석진의 딸)** 정윤희 | **황바우** 최불암 | **강만호** 현길수 | **해옥(교사)** 한혜숙 | **양달수** 이대근 | **김중엽(검사)** 한소룡 | **엄 기자** 신우철 | **조익현(교장)** 신동욱 | **한동주** 태일 | **김 서장** 윤일주 | **최 서장** 임해림 | **손석진(사령관)** 최성호 | **허식** 이해룡 | **한봉주(한동주의 동생)** 박종설 | **유진(바우의 조카)** 정규영 | **주점 주인** 김애라 | **늙은 순경** 최준 | **면사무소 직원** 최일 | **종태** 한명환 | **종태 처** 오영화 | **이복순(종태 모)** 라정옥 | **박 노인(용재 부)** 임생출 | **태영(지혜의 아들)** 김범기 | **채판술** 국정환

상세 크레디트와
더 많은 영화
관련 정보는
QR코드를
참고해 주세요.

KOFA 영화비평총서 4

최후의 증인
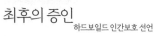
하드보일드 인간보호 선언

2024년 12월 31일   초판 1쇄 발행

지은이 | 조준형
펴낸이 | 노경인 · 김주영

펴낸곳 | 도서출판 앨피   출판등록 | 2004년 11월 23일
주소 | (01545) 경기도 고양시 덕양구 향동로 218(향동동, 현대테라타워DMC) B동 942호
전화 | 02-710-5526   팩스 | 0505-115-0525   블로그 | blog.naver.com/lpbook12
전자우편 | lpbook12@naver.com

ISBN 979-11-92647-59-3